とるのは
いこと?

60
歳、
今までとは違うメモリのものさしを持つ

一田憲子

文藝春秋

はじめに

30代の頃、大家さんのお宅の庭に建っている、6畳二間の平屋に住んでいました。かつて、おばあさまが住まれていたようで、小さなキッチンがあり、後から増築したらしいお風呂は、カチカチとハンドルを回してガスに点火する古いものでした。窓辺にパソコンをのせたデスクを置き、その横にベッドマットを置いて、仕事をするのも寝るのもひと部屋で。私は、まだフリーライターとして駆け出しで、あっちの女性誌で2ページ、こっちのインテリア誌で4ページと、いろいろな雑誌で小さな仕事をもらいながら、「どうしたら、いいライターになれるのだろう?」と暗中模索の日々を送っていました。常に「仕事がなくなったらどうしよう?」「食べていけなくなったらどうしよう?」という不安を抱え、夜、ベッドの中に潜り込みながら、「あと何回、ふとんを頭からかぶって寝たら、私はこの不安から抜け出せるのだろう?」と考えたもの。

40代になって、少し仕事が落ち着いてくると、ふと足を止めるゆとりが持てるようになりました。すると、「いったい私はなんのためにこんなに走り続けているんだろう?」とわからなくなりました。たくさん仕事をもらおうと、一緒に雑誌を作っている編集者と同じものを、いいと思っていないのに「いいよね〜」と言う……。評価を気にしてカメレオンのように態度を変える自分が情けなくて、誰かのひと言で、喜んだり落ち込んだり、ジェットコースターのように気持ちが上下する毎日が、つらくなってきました。

50代になると、周りに若いライターさんが増えてきて、「私はこのまま枯れていくしかないんだろうか」と怖くなりました。今まで一生懸命頑張ってきたけれど、そのキャリアって何の役にもたたないのかな? 若い人の方が、フットワークが軽くて「今」にフィットする感覚を持っているから、私はもう必要なくなるのかな? そう考えると歳をとることが怖くてたまらなくなりました。

60歳近くなると、両親の老いを目の当たりにしたり、自分自身や夫の健康にも不安が出てきたり。こうして、振り返ってみると、私は人生のほとんどを、あらゆることを怖がり、びびりながら歩んできたんだよなあと思います。

最近、私より少し年下の40代、50代の人と話すと、みんなが口をそろえて「不安なんです……」と語ります。先日『北欧、暮らしの道具店』の店長、佐藤友子さんと対談させていただく機会がありました。「『歳をとるって楽しいよ』って年上の人に言われるけれど『そうかもな……』と思う反面、やっぱり不安なことも多くて。ただ『楽しいよ』だけでは、この先を歩いていけないって思うんです」と語ってくれました。超人気のECサイトを運営し、2022年には会社が東証グロース市場に上場するなど、順風満帆に見えるのに、やっぱり佐藤さんも「歳をとって、世の中から必要とされなくなることが怖い」と言います。わかる！　わかるよ～。

若い頃、年齢を重ね、世の中のことがわかってきたら、「怖さ」はきっと減っていくはずだと思っていました。でも、更年期、親の介護、仕事上の立場の変化、自分自身の老後と、今までとは違った不安や心配ごとが出てきます。しかも、今は、戦争にコロナ、頻繁に起こる地震、物価高と「怖いこと」が増えてもいます。人っていつまでも不安や恐怖に追いかけ続けられるのでしょうか？

ところが……。実は私自身は、60歳を前にあれこれ不安なことは持ちつつも、以前ほど不安ではないのです。あれ？　どうしてだろう？　あんなに怖がっていたのに……。

雑誌などで取材依頼をするとき、「もうちょっと落ち着いてからきてくれませんか？」と断られることがあります。子育て真っ最中だったり、引っ越したばかりだったり。でも、そんな時「大変な今だからこそ、語れることを伺いたいんです」ともう一度お願いします。子育てでアップアップしながら毎日を送る。引っ越しで片付かない中、新たな場での生活にワクワクする。人は、忘れやすい生き物で、いちばん大変な時期を通り過ぎて落ち着いてしまったら、あんなにあれこれ考えたり、悩んだりしたことを、すっかり忘れてしまいます。だから「今のまんま」の話をぜひ聞きたい……。

きっと私も、あんなに怖がっていたからこそ、いろんなことを考え、悩み、「そうか！」と出口を見つけて、そのプロセスを文章で綴ることができた、と思うのです。だとすれば、「怖い」ってそんなに悪いことじゃないのかも。そう思えてきました。誰もが、どうしても不安や怖さから抜け出したいと躍起になるけれど、怖がっている最中しか、不安でヒリヒリする心でしか、感じられないことがある。自分のいちばん弱い部分に触れるからこそ、そこから気づいたこと、わかったことは、人が生きていく土台を支える真実なんじゃないかなあ。だとすれば「怖い」って、大切に抱きしめるべき感情なのかもしれません。

私より10歳若い佐藤さんは歳をとるのが怖い、と言います。対して60歳になろうとしている私は、意外やそんなに歳をとることが、怖くはない。それは、きっと私が60歳になっちゃうから。佐藤さんと私の違いは、抗《あらが》っているかいないか、なのかもしれないなあと思いました。ジタバタして抗うということは、無意識のうちに歳をとることがマイナスだと思っているということです。でも、59歳の次には、どんなに抗っても60歳がやってきます。だったら「そうですか」

と受け止めるしかありません。そして、「なっちゃった」としても、私は自分のことをまだ好きでいたい。60歳になったからダメだと思いたくない。歳をとってできないことが増えても、幸せでいられると信じたい……。

そう考えるようになると、今までイコールで結べなかった「あれ」と「これ」が1本の線で結べるような気がしてきました。仕事が生きがいだと信じていたけれど、仕事をしない自分になっても幸せになれるということ。誰かに評価されなくても、「うふふ」と笑って過ごせれば、ま、いいかと思えるということ。病を得たことで、ささやかな毎日が愛おしく感じられるということ。

思い返してみれば、「怖いこと」のほとんどは、正体がわからないものでした。だからこそ「こうしたら怖くなくなる」という法則は見つからないし、解決することができません。解決できないものを解決しようとするからつらくなります。

エレベーターがなかなかこなくて苦情が出るとしたら、その速度を上げるのではなく、待ち時間を待ち時間と感じない方法を考える、という方が有効だそうです。つまり、視点や考え方を変えて、問題と解決の次元をずらすということ。

怖くて不安なことはたくさんあるけれど、歳をとることを止めることはできないし、いくらあったら安心かと金額を出すことはなかなかできません。まっすぐ進んで答えが見つからないときは、どこか別の場所＝「斜め」にジャンプしてみればいいんじゃないかな？　最近の私は、この「斜め」の方角を見つけることが楽しくてたまりません。それは、今までとは違うメモリがついたものさしを持って、怖さや不安を計り直すことでもあります。そうやって、不安を新たな見方でひっくり返せたとき、やっと私は怖がりから少しは脱出できるかもしれないなあと思っています。

もくじ

健康の「こわい」をおさらい

人間関係の「こわい」をおさらい

「こわい」とさよならする方法

ブックデザイン　渡部浩美
題字・イラスト　朝倉世界一
写真　一田憲子
DTP制作　エヴリ・シンク

年齢や親のことの「こわい」をおさらい

稼がなくても、幸せになるために。
ポスト資本主義について

夕暮れだというのに、まだムッとした暑さの残る8月のある日。夕飯の買い物のために自転車を走らせていました。西の空が赤く染まり始める大好きな時間帯なはずなのに心はどんより。というのも、前の日から気が滅入ることばかりが続いていたのでした。

とある雑誌の編集者とメールのやりとりをしていたら、1か月ほど前に出したムックの売上が、イマイチ伸びないとのこと。そっか〜。だんだん紙媒体は不要になってきたのかなあ、ととたんにブルーな気分になってきました。「イマイチ」な情報がひとつやってくると、元来ペシミストな私は、すべてをどんどん悪い方へと考えてしまいます。

私には、自分で立ち上げた雑誌が数冊あって、1年に6冊ほど定期的に出す雑誌づくりが、ライフワークになっています。長年楽しく続けてきたけれど、永遠に続くということはないんだなあ。いつかは終わりが来るんだよなあ。そう考えると、未来へと伸びる道の先が、急にしぼんでしまったよう。

若い頃は、何かがダメになっても、また次に頑張ればいい！と、「うまくいかないこと」もエネルギーに変換すれば、次に走り出す力になると信じていました。でも、ある程度の年齢になると、「うまくいかない」の先には、「終了」というシャッターしか見えなくなってきます。これから、私の周りでは、好きなことがどんどん終わりを告げ、寂しく枯れていくしかないんだろうか、と思うと泣きたくなりました。

前の晩は、週に一度のテニススクールの日でした。もう3年も続けているのだから、少しは上手になっているはず、と思うのに、ちっともうまくいきません。10人ほどの仲間で、コーチが出してくれた球を順番に打ち返します。10回に一度しか自分の番が回ってこないので、そこでミスをすると、また自分の番を待ち、「今度こそ！」と打ってもまたミス……。するとどんどん自分がヘタっぴに見えて、あ〜あ、私ったら、まったく上達してないじゃない、と思えてきます。しまいには、だんだん腹がたってきて、「コーチが、どこが悪いかをちゃんと教えてくれないからだよね～」「そもそも、大人数のスクールで、上達するというのは無理なんだよね！」とプリプリしながら、帰路につきました。時間をかけて、コツコツと練習し、ちょっとずつ成長するしかないのです。なのに、すぐに成果が見えないとイライラして、その時間がなかなか待てない。そんな自分が情けなくなりました。

「今晩は何を作ろうかな」。スーパーへの道すがら、どんよりした頭で考えて、「よし！ 久しぶりに春巻きでも作って、ビールを飲もう！」と思いつき、ちょっと元気になってきました。夏の電力不足による節電で、照明を暗く落としたスーパーに入り、かごを取り、翌朝のためのフルーツを放り込んでから野菜売り場へ。すると、なんとニラが売り切れ！ 冷蔵庫に少しだけ残っていたはずだから、ちょっと物足りないけれど、それを使うしかないな。そう思いながら、次は精肉売り場へ。最後に春巻きの皮を買おうと思ったら……。なんと、ない！ 世界情勢で小麦不足のせいなのか、春巻き、餃子、しゅうまいの皮の棚がすっからかんでした。あ～あ、ついてないなあ。仕方がないので、安売りになっていた鰯を買って、竜田揚げにすることにしました。しばらく「あ〜あ、春巻き」と残念さを引きずっていたけれど、キッチンで手を動かすうちに、すっかり忘れて、竜田揚げをおいしくいただきました。

ここ最近、夕飯作りのためにキッチンに立ちながら、イヤホンでポッドキャストを聞いています。この日聞いたのは、（株）コテンの代表、深井龍之介さんと音声プロデューサーの野村高文さんによる『a scope』という番組です。深井さんは、歴史が大好きで、「歴史思考」をみんなに知ってほしいと発信を続けている方。予測不可能な時代に「これが答えですよ、という正解はない」と深井さんは言います。答えを見つけるには、自分を俯瞰《ふかん》して眺め、自分の頭でこの先どうしたらいいかを考えるしかない。「どこかにある正解を誰かに教えてもらう」のではなく、自分で考える覚悟を決める。その時に役立つのが、歴史思考というわけです。たとえば、大政奉還で江戸幕府が天皇に政権を返上した時、その少し前まで幕府の重臣たちは、幕府がなくなるなんて、思いもしなかったはずです。広い視野で、時代の変化を眺めることができた人もいれば、今までの価値観を絶対と信じ込み、なかなか抜け出せなかった人もいます。どんな人がどんな時にどんな判断をしたか、を学ぶことは、私たちが自分の立ち位置を「客観視＝メタ認知」する道標になってくれるはず。

実は、私は歴史が大嫌いでした。私にとって、歴史は「いつ、誰が何をしたかを覚える学問」で、なんてつまらない！と思っていたのです。でも、深井さんが歴史の面白さを語るポッドキャスト『コテンラジオ』にハマり、歴史に対する認識がガラリと変わりました。今、深井さんは、みんなが自分の頭で考えられるようになるために、歴史をデータベース化しようとされています。

今回の『a scope』のテーマは「資本主義の未来」でした。第1回は、「どうして今、資本主義を？」というもの。今の資本主義では、企業の期待値が「株価」で表されます。その基準は「お金が儲かるかどうか」。そこには「どれだけ社会の役に立っているか」「どれだけ人を幸せにしたか」は関係ありません。

深井さんの会社（株）コテンが取り組む歴史データベース事業は、今はまだ利益を生み出してはおらず、これから先、儲かるかどうかはわかりません。でも、深井さんは、「今の資本主義を見直して、いい点と悪い点をきちんと把握し、『資本主義改善バージョン』を作ってはどうか？」と語るのです。この深井さんの野望に感動してしまいました。資本主義を否定せず、利潤はきちんと追求しながらも、「儲けること」と「価値のあること」の順番をくるりとひっくり返そうとされている……。そして、このやり方でビジネスが成り立つかどうかを、実践しながら確かめる。深井さんはこの先いったいどんな「資本主義改善バージョン」を見つけるのだろう？とワクワクしてきます。

今、私たちのごく身近にある日常生活の中でも、この価値観のシフトが少しずつ起こってきているのではなかろうか？と感じるようになりました。当たり前のように資本主義経済の中で生きてきた私たちは、「安定した生活のためにお金を稼ぐ」ことがいちばん大事で、まずは「そこ」を担保してから、次に自分のやりたいこと、楽しいこと、幸せなこととどう擦り合わせようと考えてきました。でも、そろそろその順番をひっくり返してみる時期のような気がするのです。まずは、自分がいちばん幸せなことは何か？と考えて、その上でどうやって稼ぎ、生きていくかを考えるという順番です。

若い頃から仕事を頑張って、器や洋服などいいものを手に入れ、暮らしを豊かにしたい、と考えてきました。でも歳を重ねた今、どうやらそのまま歩くと、行き止まりに突き当たってしまう、と感じるようになっていました。お金がある↓幸せになる。仕事で評価を得る↓暮らしが豊かになる。そんな方程式を正解とするなら、そこからこぼれ落ちることが、たくさん出てきてしまったのです。歳をとり、老いて、体力がなくなったら、「できないこと」がたくさん出てきます。「これができたら」という前提がなくなってしまったら、方程式の先には、不幸しかないのだろうか。そう考えると怖くてたまらなくなります。

だからこそ、今まで直線で繋がっていた「こうしたら」「こうなる」という道筋を、思い切って切り離し、まったく違う繋ぎ方をする時期なんじゃなかろうか？と思うのです。「こっち」ではなく、思い切って「あっち」にジャンプして、今までとはまったく違う回路を繋ぎ直す……。この方法を思いついてから、「どこへジャンプしようか？」「今までとまったく違う回路ってなに？」と探す作業が、面白くてたまらなくなってきました。

頑張らなくても楽しいかもしれないし、誰かに認められなくても満足できるかもしれないし、何かができなくても、何かが足らなくても、絶好調でなくても幸せになれるかもしれない……。当然と信じ込んでいた順番を、「そうでなくてもよし」と定義できたなら、今までの「ダメ」と「イイ」を再構築して、新しい世界を歩み始められるような気がしています。

うまくいかないことを嘆く前に、「こうしたら」「こうなる」という今までの方程式をいったんバラしてみる。新しい繋ぎ方で、新たな幸せを立ち上げられたら、何歳になってもワクワクできそう

ジャスト・フォー・ファン

先日、新しい財布を買いました。革小物のブランドSAFUJIの「こさいふ」という名前の財布です。その名の通り、今まで使っていた長財布の3分の1ほどのミニサイズ。このために少しずつ準備を進めてきたのです。まずは、スーパーのポイントカードなどをアプリに移行。さらに、領収書をこまめに財布から出せるように、12個のポケットがついたドキュメントファイルを、書斎のよく見える場所にスタンバイ。ポケットに、1か月ずつ分けて領収書を保存するしくみです。こうして、中身を少しずつスリム化し、いそいそと新しい財布のお買い物に出かけたというわけです。「使いこなせるかな?」と心配していたけれど、移行は想像以上にスムーズでした。小さくてバッグの中でも場所を取らないし、ぐんと身軽になった気分です。

50歳を過ぎてから、暮らしをひとまわり小さくすることを考え始めました。人力車を引いて世界中を旅しているガンプ鈴木さんという方がいます。彼がアメリカで出会ったのが、道路脇に立っていた「ジャスト・フォー・ファン」という看板でした。「面白そうだからやってみよう」という意味。「なぜ、人力車を引いて世界を巡るの？」人生って、それでいいんだよなあ。結果を出すとか、進化するとか、豊かになるとかでなく、ただ「面白そう！」だけでいい。だったら、「もっともっと」的な時間を少しずつ手放してもいいのかも。

「もっともっと」を降りるには、「お金がなくちゃ不安」という呪縛を断ち切る必要があります。だからこそ、暮らしをひとまわり小さくすることが必要。小さなお金で小さく楽しむ。こうして、着実に「老後の小さな生活」へ向かって進んでいくつもりでした。ところが……。

兵庫県西宮市でセレクトショップ「パーマネントエイジ」を営んでいる林行雄、多佳子ご夫妻の本を作ることになりました。70歳になったのを機に、お店の代表権を譲り、介護付きマンションに引っ越されたふたり。その上で、淡路島に小さな家を借りて二拠点生活を開始。さらには、ずっと飼いたかったという、ジャックラッセルテリアのニッキーまでやってきました。きちんと安心を担保した上で、「ワクワクすることはやめられない」と語ります。

もうひとり、サスティナブルな暮らしを作る実用品を販売する会社「イーオクト」の代表、高橋百合子さんの新居に取材に伺いました。２０１９年に夫で建築家のエドワード鈴木さんを亡くされた時、ふたりで暮らすために葉山の土地を買い、ちょうど設計図が完成したところだったそうです。なのにひとりになってしまい、もう建てるのをやめようか、とも思ったそう。でも、「彼が私のために設計した家だから」と着工を決意。「ああ、彼は私にこの景色を見せたかったのかと、今、暮らしながら、しかけを紐解いている気分なんです」と話してくださいました。そして、「70代での暮らし替えっておすすめ。暮らしの舞台を変えると、気づくことがいっぱいだから」とも。

暮らしをダウンサイジングすることばかりを考えていたときに、新たな生活を始めたばかりの70代の方と出会い、あれ？と足を止めました。何歳になっても「新しいこと」って必要なんだなあって。

最近、私は「かわいいブラウス」を見つけることにハマっています。自分の中の女度が減ってきたからか、襟元にフリルがついていたり、パフスリーブの袖や、胸元にギャザーが寄っているものなど、ひと匙の甘さが必要になってきたよう。「ちょっとかわいすぎるかなあ?」と思うブラウスを思い切って着ると、「あら、今日はいい感じ!」と褒められる回数が増えました。

もうおしゃれはいいや、と手放すのではなく、「今の私」をちょっとだけよく見せてくれる一着を探すことを、諦めたくないなあと思います。暮らしをひとまわり小さくしながらでも、新しい発見をすることはきっとできるはず。歳を重ねると、不安なことが増えるけれど、若い頃とはちょっと違う、私だけの「ジャスト・フォー・ファン」にときめきたいなあと思います。

暮らしをひとまわり小さくすることと、新たにワクワクするものを見つけることは、両立できるはず

スラムダンクの熱量に誘われて

先日、映画『THE FIRST SLAM DUNK』を見に行ってきました。日曜日の朝イチ、9時25分からの回だったので、空いているかと思いきや、ほぼ満席。隣は小さな男の子とお父さんのふたり連れでした。実は、私は普段漫画をまったく読まなくて、この漫画が原作の映画も、周りの人の「すごくよかった！」「もう3回見に行ったけど、もう一度行きたい！」という声を聞かなければ、きっと行かなかっただろうなあと思います。

開始早々、グイと引きこまれました。そこには、思ってもいなかったリアリティがありました。場面は、沖縄の海辺にあるバスケットコートから始まります。ワン・オン・ワンという、1対1で向き合ってバスケットをする少年の姿。地面の砂のザラザラとした感じ。風に揺れる木々。ボールの音。そして、物語がすすみ、高校バスケットの試合での描写のすごいこと！　ぐっと踏み込む足の筋肉。ドリブルをしながらボールをキープする際の重心を落とした姿。円陣を組むメンバーを、真上から描いたアングル。

物語の一場面をリアルに立ち上げるには、人物だけでなく、周りに広がる風景のディテールまでを描き込まなくてはいけません。「風景」は、いわば「あってもなくてもいい」情報なのに、人物と同じぐらいの緻密さで描く。その創作の「熱」のようなものに圧倒されたのでした。

すっかり夢中になって、この漫画を描いた井上雄彦さんのことが知りたくなりました。検索してみるとＮＨＫの『プロフェッショナル　仕事の流儀』に出演されていたことを発見！　さっそくＮＨＫオンデマンドで見てみることに。連載の締切に追われ、ギリギリまでネームが思いつかず、七顛八倒《しちてんばっとう》している姿を食い入るように見ました。「手に負えないことをやる」と語る井上さん。「自分がコントロールして描いたとたんに、それは小賢しいものになる」と。「漫画家をやり続けるために漫画を描くことはしたくない」という言葉が、グサリと胸に刺さりました。

誰かに何かを伝えるには無数の手段があります。レベルはまったく違うにしろ、私の場合は、それがたまたま「文章を書く」ということでした。井上さんの場合はそれが「漫画」であり、その他にも、音楽を奏でる人もいれば、ダンスを踊る人も、さらには家族のためにごはんを作るという人もいます。でも今、私の目に映っていることだけが、自分を表現する手段のすべてではない。他にも別の方法があるかもしれない。そう知っておくことはとても大切だなあと改めて感じました。

以前取材させていただいた、元陸上競技選手の為末大《ためすえだい》さんは、「努力の方向性を変える」ことの大切さを教えてくれました。「引退間際に、だんだん結果が出せなくなって、その現実を努力で変えるということが難しいとわかってくるわけです。（中略）そんなときに、ちょっと『見方を変える』とか『視点を変える』だけで現実が違って見えてくる……。そして、競技に勝つだけがすべてだと思ってきたけれど、それ以外にも生き方はあると思うようになりました」（『暮らしのおへそ　Vol.22』）。そして、ベストセラーとなったご著書『諦める力』（プレジデント社）の中では、このことを別の言葉で綴っていらっしゃいます。『今の人生』の横に走っている『別の人生』がある」。

思い通りにいかなかったり、せっかく頑張ってきたのにそれを諦めなくてはいけなくなったり。どん底と思う状況になったとき、ふと横を眺めてみればいい。この方法を知っているだけで、恐怖や不安の沼に落ちてしまっても、救われる気がします。

映画から帰ったら、ちょうどお昼時になって、久しぶりにパンケーキを焼きました。数日前に、知り合いから「おいしいよ」と教えてもらっていた「マリールゥのパンケーキミックス」を手に入れていました。普段、我が家では2週間に一度、横浜にあるパン屋さん「オン・ザ・ディッシュ」から、食パンと伊予柑パンを送ってもらっています。ここのパン以外いらない！と思うぐらい大好きで、食パンをトーストし、バターと自分で作ったジャム、そしてスープ、が家にいるときのいつもの昼食。365日同じでいい、と思っています。なのに、今回「パンケーキでも焼こうか？」と考えたのは、ネットフリックスで『きのう何食べた？』を見たからでした。

西島秀俊さん演じるシロさんと、内野《うちの》聖陽《せいよう》さん演じるケンジのゲイのカップルが、ふたりでいることの意味を確かめ合う姿を、食を通じて描く物語。弁護士事務所に務めるシロさんは、「仕事にやりがいは求めない。だから定時の6時で終わる仕事だけを回して」という人。そして、月2万5000円で食費をやりくりしようと、仕事帰りに安売りスーパーに立ち寄り、毎日ごはんを作って、ケンジの帰りを待ちます。

そんなドラマの中で、たまたまイチゴが安売りになっていたからと、ジャムを作るシーンがありました。砂糖をまぶしておいてひと晩おき、水分が出たところで、その水分だけでジャムを煮る。そして週末、クレープを焼き、ツナや卵などの具材でおかずクレープや、生クリームやジャムをのせて甘いクレープを。おじさんふたりが、おいしそうに食べる様子がなんとも愛おしくて。クレープは難しそうだから、私はパンケーキを焼こう！と思ったのでした。

もちろん、今でも「オン・ザ・ディッシュ」のパンが最高！と思ってはいるけれど、だから他は食べない、と決めてしまうのはもったいない。時にはパンケーキを食べてみたらなんだか楽しそうじゃない！とワクワクしました。

自分が今、立っている場所のことを知る、というのは意外やとても難しいことだなあと思います。ちょっとよそ見をする、という本筋から外れることは、非効率で不確実。でも、だからこそ、脇道をのぞいてみて、また戻って自分の立ち位置をもう一度確かめると、今までの「知る」とはまったく違う質で、自分の「今」を知り直すことができるんじゃないかなあ？　もしかしたら、私たちは今まで知らなかったことを知ることで、自分とは一体何なのかを、定義し直しながら生きているのかもしれません。

先日『現代ビジネス』の記事で、「ミキハウス」の子供服が、アパレル業界で絶好調だ、という記事を読みました。パリ、ロンドン、シンガポールと、海外にも次々と店舗を展開しているのだとか。社長のコメントとしてこんな言葉が紹介されていました。「日本は全部が安過ぎるんですよ、商品も賃金も全て。これはアカンわ」。そして、従業員の給与を平均10〜12%アップすることを決めたのだとか。最近では、ユニクロが賃金を40%アップする、というニュースも話題となりました。今までの日本社会は「業績がよくなった」から、従業員の「賃金を上げる」という順番だったけれど、最近では、先に賃金を上げて、その結果業績がよくなる、と考える経営者が増えているよう。

私のまわりでも、順番を変えることで、人生の舵を切った人の姿を目にするようになりました。新しく、片づけのオンラインサロンや料理教室を開くとき、「誰もがお財布を開けやすい」リーズナブルな価格を設定したくなります。でもそれでは、どんなに一生懸命に働いてもなかなか生活に余裕が生まれません。自分が思い描く暮らしを自分で作るために、それを支えるお金を確保することが大事。自分自身に高い価値をつけるのは、とても勇気のいることだけれど、エイッと思い切れば、本当にそれを必要とする人が集まって、結果的には収益があがり、自分の生活もラクになった。そんな体験談を聞いて、そっか、自分が欲しいものを先に決めることが必要なんだなあと学びました。

こんなふうに、映画を見たり、本を読んだり、人の話を聞いて、価値観があっちからこっち、こっちからあっちへと、ふらつく経験が好きです。これまでずっと確固たる軸を確立するのがいいことだ、と思い込んできたけれど、ひとつに決まってしまったとたんに、人生はつまらなくなるのかも。あっちかもしれないけれど、こっちかもしれない。今まで手にしていたものを捨てるのは怖いことだけれど、そんな「ぶれ」の中で、私たちは、いろんなことを見て、考え、感じ、目覚め続けていくことができる……。「隣の芝は青い」というのは「自分より他人のことがよく見えてしまう」という悪いこととして定義されているけれど、「ふらつく」ためには、とりあえず、青々と見える隣の芝生を見に行ってみなくちゃ始まらないと思うのです。あちこち芝生を見つけて、座りに行ってみようかと、今、はりきっています。

思い通りにいかなかったり、頑張ってきたのに諦めなくてはいけなくなったり。どん底と思ったら、ふと横を眺めてみる。よそ見をして戻ってくることで自分の「今」を知り直すことができる

夢の持ち方

先日、私が手がける50歳以上の人のためのおしゃれを提案するムック『大人になったら、着たい服』の取材で、島根県松江市のセレクトショップ「ダジャ」のオーナー、板倉直子さんの撮影に出かけました。9年前に取材で知り合った彼女は、年下ではあるけれど私のおしゃれの師匠です。30代でオーナーから店を引き継ぎ、ひとりで悪戦苦闘しながら営んでこられました。おしゃれのことから、仕事への向き合い方、自分の見つけ方まで、会えばいつも時を忘れて語り合う相手です。

コロナ禍では島根と行き来することもままならず、直接会っての撮影は久しぶり。板倉さんが東京のスタジオに来てくれました。全部で6カット。ワンシーン、ワンシーン、着替えた彼女がフィッティングから出て来るたびに「お〜

〜！」と声が出ました。しっとりと毛足が長いから「黒猫コートなの」とおっしゃるAラインのコート。コットンウールの黒いシャツには、艶感のある別珍のパンツとベストを合わせてオールブラックのコーディネートに。Zoomや写真ではわからない、生地の質感、光沢感が、おしゃれにはどれほど大切かを、目の前で繰り広げられる「お着替えショー」がたっぷり教えてくれました。

ハンガーラックにずらりとかけられていた服はいたって普通でシンプルなのに、板倉さんが袖を通したとたん、どれもがキラキラと輝き出すから不思議です。さらに、彼女が語ってくれるコーディネートのセオリーが面白い！「このツイードパンツは、私が大好きなおじ様、イギリスのウィンザー公爵がお手本。上流階級の男性たちが休日にカントリーサイドで過ごすときのおしゃれがかっこいいんです。みんなツイードのニッカポッカとか穿《は》いててね」などなど。

若い頃から映画が大好きで、同じ映画を何度も繰り返し見ているそうです。美術館、音楽会にもフットワーク軽く出かけ、好きなカフェに行けば、インテリアからお茶のサーブの仕方まで、つぶさに観察して、「ねえねえ、あそこのあれが素敵だったんですよ〜」と教えてくれます。そうやって、見たり、聞いたり、感じたりしたことが、心のページに書き留められ、「次はこんなおしゃれをしてみたい」という想像力を膨らませる「発酵の種」になっているよう。おしゃれとは、単にあの服とこの服を組み合わせる、というスキルではない。「なりたい自分」を思い描くという、イマジネーションこそ大事なんだなあと改めて教えていただきました。

知人に勧められて、「チッタ手帳」という「未来を予約する手帳」の考案者、青木千草さんの著書『大丈夫、死なないから。』（KADOKAWA）を読みました。シングルマザーで、「お金なし」「時間なし」「才能なし」だったという青木さん。昼間は派遣社員としてテレアポ、夜はヨガインストラクターというダブルワークをしていたそうです。無理がたたって頭に10円ハゲができたのをきっかけに、「何も制限がないとしたら、本当は何がしたい？」「お金も時間もたっぷりあるなら、本当はどうしたい？」と考え、浮かんできた「本当の願い」を手帳に書き綴りました。そうすると、1年後にやりたいことすべてを実現できた。そんなご自身の体験と、ヨガ哲学をもとに、「本当の自分の人生を生きるため」に「チッタ手帳」を考案。この本は、そのメソッドが綴られたものです。

なぜ、「手帳に書く」ということが大切なのか。それを青木さんは「心というのは目に見えないもの、日々変わっていくもの」だからと書かれています。「つかまえておけないものだから書いておかないと輪郭がぼんやりしたまま」だと。具体的な方法としては、まず「ワクワクリスト」として、自分がワクワクすることを書き出します。次に「いつやるか」日付を決めて手帳に書き込み、さらに1週間に一度手帳と向き合う時間を作るというもの。

実は私はこの手の決まった「フレームワーク＝手帳」に、自分を落とし込むという作業が苦手でした。自分の中で、もやもやし、まだ輪郭を持たないものに、無理やり形をつけると、どこか嘘っぽくなって、いい子になって見つけた答えを書かなくてはいけない気がしたから。今回も最初の「ワクワクリスト」でつまずいてしまいました。ワクワクすることってなんだろう？　それがさっぱり思い浮かばなかったのです。

よく「5年後、10年後の自分を思い描いて、今することを決めましょう」と言われるけれど、これもまた苦手なことのひとつです。だって、考えたってわからないから。5年後に私に書籍のオファーがあるかどうか、10年後まで『大人になったら、着たい服』が続いているかどうか、さらには、その頃まで健康で元気で過ごせるかなんて、まったくわかりません。自分の力が及ばない状況の中で、「どうしたいか」など不確かだし、そこで何かを「決める」ことなんて、できないとずっと思っていたのです。おそらく、私は「決めて」それがうまくいかないことが怖かったのだと思います。後で「あ～あ、違っちゃった」と落ち込むなら、最初から決めない方がいい。

そんな考えが変わってきたのが、「スタートアップ」と呼ばれる若い起業家の記事を読むようになってからでした。熱い想いを持って起業した彼ら、彼女らが語るのは「どんどんやってみて、失敗して、学ぶ」という方法でした。ビジネスには「PDCAサイクル」というものがある、という基本の「き」を知ったのも同じ頃です。Plan（計画）→Do（実行）→Check（測定、評価）→Action（対策、改善）。このプロセスを循環させることで、マネジメントの質を改善する。やってみないと、何が正解かはわからない。だから仮説を立てて、プロセスを考え、とにかく走りだす。そして、走りながら結果を観察し、分析して、失敗すれば、そこから学び、修正してまた走りだす。前に進むための唯一の方法は「トライ&エラー」というわけです。

そっか。決めないと失敗できないんだ。それは私にとって大きな発見でした。「決める」ということは、「正しさ」とは無関係だ、ということもわかってきました。正しく決めようとすると、いつまでたっても、決断できません。正しいか、間違っているかわからないけれど、今はこれがベストと決める。それは、これから進む道に、旗を立てることでもあります。実際に歩き始めたら、明るいと思っていたのに日陰で暗かったり、くねくねとした曲がり道ばかりだったり、行き止まりだったり。「あれ、ちょっと違うかも?」と感じたら、その時旗を立て替えればいい。でも、最初の旗を立てないと、どこへ向かって歩き出すかさえわからず、ずっと立ち止まったままです。人は、「自分が決めたこと」を道標に、次の一歩を知るのだ、ということもわかってきました。

「早く新しい方法を学ぶためには、早く失敗した方がいい」。起業家の若者が語っていたそんな言葉に「そっか、失敗は悪いことではないんだ」となんだか希望を見つけたような気持ちになりました。

先日、車で取材に出かけ、余裕を見すぎて早く到着しそうだったので、最寄りのサービスエリアのスタバで、時間調整することにしました。ぽっかり生まれた空白の時間。そこで、「そうだ！」と「チッタ手帳」のことを思い出し、とりあえず手持ちの手帳を広げて「夢」を書いてみることにしました。「夢を描く」ことが苦手だからこそ、心がけたのは、「叶えるため」に書かないということ。心にぽっかり浮かんできたイメージを、スケッチするように書くこと。それなら、私にもできそうかなと思ったのです。

山の中に小さな家を買う。庭に畑を作って野菜を育てる。柴犬を飼う。おいしいごはんを作って、明るい夕暮れのうちから夕飯にする。星を見ながらコーヒーを飲む。叶っても、叶わなくても、どっちでもいい。そう考えると、なんだか楽しくなってきました。

今、力が足らなくても、今、お金がなくても、今、うまくいかないことがあっても、「こうだったらいいな」という気持ちを膨らませる力を手放さないことで、私の「これから」の自由度がぐんと広がったような気になります。現実に未来をのっとられないように……。「できること」の先に未来を描くのではなく、できるかできないかはわからないけれど、「こうだったらいいな」を先に決めてみれば、未来が私をそこに連れて行ってくれるかも。そんな予感ににんまりしています。

それが正しいか、できるかできないかを判断せずに、「こうだったらいいな」を決めてみる

「正解」の外にある「正解」

私が企画編集を手がけるムック『暮らしのおへそ』で、「家族をケアするおへそ」という特集をつくることになりました。私自身が両親の老いを目の当たりにして、どうしたらいいかと途方に暮れたので、同じ思いをしている方々の小さなヒントになればいいなと思って……。

2年前、母が肩に人工関節を入れる手術をし、90歳になる父が自宅でひとりになるので、私がごはんを作りに東京と実家のある兵庫県を行ったり来たりすることになりました。専業主婦だった母は、家事の一切をひとりでこなし、昭和の男の父は、まったく手伝ったことはありません。電子レンジでごはんをチンすることもできなければ、洗濯機を回すことさえできない始末。これを機に、このふたつは覚えてもらうことにしましたが、さすがに料理まではできません。

そこで、私が1週間のうち半分を実家で過ごし、半分は東京へ戻って、まとめて取材などの仕事をこなすことになったというわけです。

これまでも、たびたび実家には帰っていたけれど、朝から晩まで一緒に過ごし、掃除、洗濯、料理などを手掛けて、「共に暮らす」経験をしたのは、25歳で家を出て初めてだったかもしれません。おろし金はどこにある？ 洗濯物っててどうやって干す？ 自分の暮らしとはまったく違う、母がつくった枠組みの中で家事をこなすことにクタクタになりました。パンとコーヒーとフルーツという簡単な朝食を用意し、食べ終わったら洗濯をして掃除をしていたら、あっという間にお昼になります。うどんやチャーハンなどを作って父と一緒に食べ、ひたすら繰り返す昔話に耳を傾け、食後昼寝をする父の横で、少し仕事を。あっという間に夕方になり、近所のスーパーに買い物に行って夕飯の準備。終わったら片付けて、また一緒にテレビを見て寝る。たったこれだけのことなのに、父の生活すべてが自分の肩にのしかかることが、こんなにも大変だなんて、思ってもいませんでした。

なによりつらかったのが、昔とはまったく違ってしまった両親の「老い」のの「正解」はそれぞれ違う……。でも、ひとつ言えるのは、半平太は自分の「正解」が絶対だと思い込み、その外側に、もっと違う正解があるのに見ようとしない。一方龍馬は、いろんな人の「正解」を拾い集め、並べてみて、「ちょっとしっくりこない」「わからない」と、自分が腹落ちできるまで、正解を求め続けていた、ということです。

自分の人生に、唯一無二の「正解」をセットしてしまったとたん、人は苦しくなってしまうのかもしれないなあ。「他にまだ答えがあるのかもしれない」と探し続けることで、そこに違う見方があると知り、世界は多様だと知り、もうひとつの「正解」を見つける可能性を手に入れる……。

隅々まで掃除が行き届き、笑顔いっぱいのスタッフの常駐する特別養護老人ホームの面会室で、ちょっとおめかしした藤澤さんのお母様と、ご夫婦の撮影をさせていただきました。取材を終えた後の帰り道。夫の緑朗さんが「これでよかった、と思っています。でも『じゃあ、またね』と別れるとき、『ああ、寂しいのかな？　やっぱりかわいそうだったかな？』と毎回心が揺れるんですよね」とぽつり。「正解」が揺れるのは、そこに優しさがあるからなんだと思い

ます。「これでいい」とフィックスさせてしまった方がラクなのに、「これでよかったのかな?」と相手に心を寄せるから、今まで「正しい」と信じようとしていたことがぐらりと揺れる。だとすれば、正解を見つけることだけが、ゴールではないのだと、いつまでも揺れ続けてもいいのだと思いたくなりました。

両親の老いを受け止めることはつらいけれど、介護に正解はない、と知ることも大事。誰かに頼ることに罪悪感を持たず、自分を消耗しないという視点も忘れたくないもの

仕事とお金の
「こわい」をおさらい

先に遊びに行ける人に

その日、ＮＨＫの朝ドラを見終わり、キッチンで洗い物をしながら、「どうしよっかな～？」とウダウダしていました。実は前の晩に、面白そうな映画の上演時間をチェックしていました。朝イチは9時20分から。これに行こうか、やめようかと「ウダウダ」していたというわけです。朝型生活に切り替えてから、私は朝起きたてのさらっぴんの頭で原稿を書く、という習慣を何より大事にしてきました。でも、今日は急いで仕上げなくてはいけない仕事があるわけでもない。

真面目で怖がりな私は、「仕事」と「遊び」の順番を、なかなかひっくり返すことができません。「先に遊べる人」になりたいとずっと願っているのに。

もう、今出ないと間に合わない！という時間に、「よしっ」と腰を上げ、身

支度を整えて自転車に飛び乗りました。吉祥寺という街は、住宅地のすぐ横に百貨店から映画館、カフェや雑貨店まで地続きでつながっているのがいいところ。「パルコ」の地下に、国内外の多様な映画作品を上映する映画館「アップリンク」ができてからは、映画のラインナップが充実していて、とても便利になりました。なのに、「面白そうだなあ」とチェックしながら、日々の仕事に追われるうちに、はっと気づくと終わっている。これは、映画だけでなく、美術館の企画展も、作家さんの個展も同じです。世の中には、まだ見ぬ世界への扉があちこちにあるのに、仕事を順番の一番目に置く人生は、それをちっとも開けることなく、終わっていくのかな？

この日のように、朝イチで映画館に向かっていると、一抹の罪悪感が心をよぎります。「いいのか、私？」「仕事しないで大丈夫？」って。原稿の締め切りが迫っているわけでなく、アポイントをとらなくてはいけない案件があるわけでもない。だったら、大手を振って遊びに行けばいいじゃん！と思うのになぜか心がす～す～します。どうやら、私の中には「仕事をしている人がエライ」「遊ぶ＝サボる」という思い込みがセットされているよう。この順番をひっくり返すには、「稼ぐ人がエライ」という無意識な価値観を一度壊す必要がある。それがなかなかできないのです。

友人のK子は、たびたび待ち合わせの時間に遅れてきます。一緒に行動していると、彼女がどうしてあんなに遅刻魔なのかが見えてきました。たとえば、Aさん宅にちょっと顔を出した後、Bさんと食事に行く、というスケジュールだったとします。するとAさんが、「おいしいケーキがあるから、ちょっと食べて行かない？」と誘ってくれたらしい。私だったら「いや〜、この後約束があるので、残念なんですけど〜」と断るはず。でもK子は「え〜、嬉しい〜！」とずんずん部屋に上がり込んで、食卓に座ってニコニコしているのです。万事がこんな感じ。待ち合わせ時間を守るより、その時その場に、おいしそうで面白そうなことがあったら、素通りできない！　ちゃんとケーキを平らげてから、「ごめんね〜、遅くなって〜」とニコニコと次の場所に現れます。「も〜、時間にルーズなんだから！」とイライラしながらも、そんな彼女の優先順位をいつも羨ましく思います。

この日見た映画は、あの『かもめ食堂』の荻上直子《おぎがみなおこ》監督、脚本による『川っぺりムコリッタ』でした。川っぺりに立つアパートに暮らす、その日生きていくのがやっと、という住人たちの物語です。主演の松山ケンイチさん演じる山田は、刑務所から出所した日にイカの塩辛工場で働き始めます。その社長から紹介されたのが「ムコリッタ」という不思議な名前のアパートでした。仕事から帰り、お風呂に入り、あがったらキッチンで牛乳をゴクゴク飲み、炊き立てのごはんを食べるのが何よりの楽しみ。

ある日、アパートの隣の部屋に住むムロツヨシさん演じる島田さんが、「お風呂貸して」とやってきます。最初はいやがる山田も、むりやり押し切られ、そこから不思議な交流が始まります。島田さんがアパートの庭で育てたトマトやきゅうりなどの野菜を持って上がり込み、毎日ふたりでごはんを食べる。ごはんと味噌汁と野菜だけ。そんな食卓のおいしそうなこと！ 見終わって、「あ～、帰ってごはんが炊きたい！」と強烈に思いました。

改めてこの映画のホームページを見てみると、映画の公式サイトにこんな言葉がありました。「生き方や働き方が見直される今、モノや境遇、場所にとらわれない形での生きることの楽しさが（中略）表現され、観る者たちに幸せの意味を問う」と……。おお！「モノや境遇や場所にとらわれない形」って、どんなかたちなのだろう？ そこにどんな「楽しさ」があるのだろう？ 私は、「モノ」や「境遇」や「場所」にとらわれて、そこにしがみつこうとするから、いつも不安がってばかりいたんだろうなあ。今日炊いたばかりの湯気の立つごはんの方がずっと確かなのに。

これまでの私の人生は、漠然とした目標があって、そこへ到達するためには、どうしたらいいのだろう？と考える、というベクトルで進んできました。でも、60年近く生きてきた今、その方法論には限界がある、と感じています。そもそも、その「漠然とした目標」は果たして正解なのか？ 私は本当にそっちに行きたいのか？とゴール自体が揺らいできました。若い頃は、「ちゃんと自分で稼いで、自分の力で生きていく」ということが目標だったけれど、そこそこ仕事ができるようになった今、いったいどこまで稼ぎ続けたらいいのかがわかりません。そんなもやもやの中にいるうちに、「もしかしたら、そもそもの順番が違うのかも？」と思い始めたのでした。

ゴールに到達するために「今」やるべきことを計画する。そんな線路の上を走る毎日が、果たして楽しいだろうか？　ゴールにさえ辿り着けば、満たされるのだろうか？　それよりもK子のように、目の前のケーキを「わ〜い」とむしゃむしゃ食べちゃった方がどうやら楽しそうだ。食べながら、誰かとおしゃべりし、ワハハと笑っているうちに、その中から何かが生まれてくるかもしれません。おいしさ、美しさ、面白さ、感動、刺激。偶然目の前にやってきたものを、「お〜」「うわ〜」と言いながら拾い上げているうちに、自然に次に進むための一歩が見えてくる。そんな歩み方がしてみたい！と考え始めています。何がやってくるかは予測ができないから、その道は行き当たりばったりです。つまり「確かさ」とはほど遠い。本当にこれでいいのかな？と不安になります。でも、「何か」を目の前にした瞬間の反射神経的反応から、いったい何がこぼれ出すのかが、とても楽しみでもあります。

優等生だった私は、若いころ「間違う」ことがなによりキライでした。どんな時にも「間違わないように」「正しく歩めるように」と考えていた気がします。当然、間違う可能性があれば、それを避けて通ってきたのです。でも……。歳を重ねて、だんだん「間違わなくてはわからない」ということがわかってきました。頭で考えるだけでは、本当のことはわかりません。やってみて、「あれ？違った」と痛い思いをし、そこから新たな種を見つけて、さらに考え、他の方法を導き出す。「間違い」の中には、とてつもないパワーが潜んでいるのです。それを知った今だから、より「目の前にやってきたこと」に自分がどんな反応を示すのか。そこで何を見つけられるのか。予測不可能な進み方の中に、限りない可能性を感じられるようになったのかもしれません。

秋の台風が続く中、久しぶりに晴れた週末に、シーツと布団カバーを洗いました。夜、お風呂から上がってベッドに入ると、ひだまりの匂いがするシーツの気持ちがいいこと！　いつもぐるぐると考え事をしながら眠るけれど、その日は「うお〜っ！」とベッドの上で伸びをして、さらさらの気持ちよさを全身で味わうことにしました。そうやって、眠りに落ちるだけで幸せ……。そっか、こういうことでいいんだよなあ。毎日、ベッドに入るたびに、「あ〜、気持ちいい〜」と手足を伸ばす。それは、つい明日の心配をし、過去を思い悩む癖のある私が「今」に向き合う練習のような気もします。

ぐっすりと眠った翌朝、仕事に出かけようと駅に向かっていると、ふと思いました。「世の中には、まだまだ知らないことがいっぱいある。だから私はきっと大丈夫」って。日々生活していると、不安や怖いことがたくさん出てきます。もうすぐ60歳になる私の老後はどうなるだろう、お金は足りるかな？などなど。でも、「わからないこと」があるからこそ「あっ、そうか！」とわかる喜びがあります。そんな「わからなさ」を、「得体のしれない怖いもの」ではなく、「何かを見つけ出す泉」として、水を汲み上げてみようか、と思う今日このごろです。

計画や目標の効率を手放して、目の前のことをやってみる。その中で知ったこと、わかったことを力に、次に進む。そうすれば、「わからない」という怖さが何かを見つける手掛かりへとひっくり返る

三日坊主はこわくない！

最近、枕を新しいものに買い替えました。ある日、枕カバーをはずすと、うっすらと茶色いシミが。枕って、汚れやすいものなんですね。お風呂に入った後、髪の毛を乾かしたとしても、枕が湿気を吸い取って、カビが発生したり、髪の毛を染めた色が移ってしまったり……。定期的に干すようにしていましたが、朝、バタバタと出掛けていくと、つい忘れて、しばらくしてギョッと気づく……という繰り返し。もう4〜5回は買い替えたでしょうか。そこで、今回新しいものを手に入れて、「今度こそ、きれいに使うぞ！」と決意しました。

知り合いが枕を買うにあたって、ピローフィッターという枕のスペシャリストのレクチャーを受けたと話してくれました。その時に勧められたのが「枕カバーは毎日洗う」ということ。その時は「毎日なんてとても無理〜！」と思ったのですが、今回の買い替えを機に、チャレンジしよう！と思い立ちました。朝、目覚めたら、枕を抱えて起き上がります。着替えて、パジャマと一緒に枕カバーも洗濯機へイン！　あれ？　意外に簡単じゃん！　ついでに、枕本体は、以前から持っている枕用ハンガーを使って外に干します。こうして、毎日洗い立ての枕カバーで眠るようになりました。

かつて、掃除のプロに取材をさせていただいたとき、「掃除は、汚れていなくても毎日します」と教えてもらいました。当時、掃除ができなかった私は、このひと言で、掃除ができるようになりました。毎日やるからこそ、隅々まで丁寧に掃除しなくていいのです。ちゃちゃっと掃除機をかけ、今日取り残したホコリは、明日取ればいい……。

若い頃、編集者に「イチダさんは、三日坊主だからね」と言われ、仕事がこなくなったことがあります。私は大層落ち込んで、どうしたら三日坊主をやめられるだろう？と真剣に考えました。でも、どんなに「やめよう！」と決意しても飽きるものは飽きる……。そして、そんな自分の飽きっぽさがまたバレるのが怖かった……。友人にそんな秘密を相談したら、「飽き性だから、新しいことを見つけて書けるんじゃない？」と言われて、ハッとしました。そうか！無理してやめなくてもいいんだって。

そんな私が、50歳になって見つけたのが、「毎日やる」と決めた方がラクなこともある、ということです。同じことを繰り返す＝ルーティンにする、ということは「頑張ってやる」という意識のレベルから、「何も考えないでやる」という無意識のレベルへ、フェーズを変える、ということです。枕カバーを洗って枕を干す。朝起きたら、ポッドキャストを聴きながら掃除をする。私のこのふたつの習慣は、ほとんど何も考えず、自然に体が動くことばかり。意志の力はもろいものです。「努力して」とか「頑張って」という土台の上では、「続ける」ということが逆に困難になることを知りました。

仕事をする上で難しいのが、「重要だけど早急でない」ことと、どう向き合うかだなあと思います。私は、雑誌の仕事もしているので、撮影のためのコンテを書いたり、アポイントを取ったり、種々雑多な仕事があります。かつては、早急にやらなくてはいけないこと、つまり、締め切りが迫っていることから手がけていました。でも……。そうすると、エッセイなど「長いスパン＝締め切りがまだ先」の仕事が、どんどん後回しになっていきます。本当は「自分の文章を書く」ということがいちばん大切なはずなのに……。

そこで、とにかく、締め切りがあったとしても、朝書斎にこもったら、まず最初にエッセイの原稿を書くことに決めました。1時間だけの日もあれば、午前中ずっと書き続けることも。でも、とにかく毎日書く……。こうして「重要だけど早急でない」ことが、やっと暮らしの中に定着し始めたところです。

若い頃は、なんでも頑張って手に入れることばかりを考えていたけれど、頑張りすぎると逃げていくこともある……。いかに力をいれず、はりきらないで、続けられるか？　何かを乗り越えたり、克服しようとせず、今のままでできる方法を探すことが、いちばん確かなようです。

頑張って何かを続けない。考えなくても体が動くルーティンを作ることが早道

好きなことが仕事じゃなくていい

1～2か月に一度ほどのペースで、オンラインの「ライター塾」を開いています。先日、第25期が終わったばかり。1回6名なので、卒業生は150名にもなって、自分でもびっくりしています。課題を出して、その場で書いていただき、それをひとりずつ添削する、というスタイルで進めます。コロナ禍でオンラインに変更してから、北海道から九州まで、各地から集まってくださり、年齢も、職業も、家族構成もバラバラ。そんなみなさんが、同じ課題に取り組み、他の人が書いたものにも目を通し、私からのダメ出しを聞く。そんな作業を繰り返すうちに、打ち解けて、終わる頃にはすっかり仲良くなっているから不思議です。

課題のひとつに、参加者同士が「インタビューをして書く」というものがあります。テーマは「〇〇さんにとって仕事とは」。互いが、今の仕事のこと、この仕事に就くまでのこと、これからやってみたいことなどを話し、聞き、文章に起こします。6人が交代で質問を投げかけるのを聞きながら、いつも思うことがあります。それが、「好きを仕事にする」ということと「幸せである」ことは、決してイコールではないということ。

OLを経て、フリーライターになった私は、ずっと「好きなことを仕事にしたい」「やりがいのある仕事がしたい」と思い続けてきました。つまり、仕事が自分の生きがいと直結してきたのです。だから、当たり前にみんながそう考えるものだと思い込んでいました。ところが、ある時のライター塾で、こんな風に書いている人がいました。「仕事って、本当に好きなことじゃなきゃいけないんでしょうか?」この思ってもいない問いかけに、ガ～ンと頭を殴られたような気がしました。

塾生のみなさんの職業はさまざまです。夫の家業の手伝いをしている人、子供たちの教育費がかかるから、と「卒業まであと〇年だけ」とパートで働く人、市役所に勤め、お金を貯めて海外旅行に行くことが楽しみだという人。「本当はもっと違う仕事をしたいけれど」とうっすらと感じながら、なんとか自分の気持ちに折り合いをつけ、人生に納得しようとする人。これでいいのか？　もっと別の生き方があるんじゃないかと、もやもやする人。

私は無意識に、好きなことを仕事にすることの方が幸せ、という方程式を立てていたけれど、仕事は仕事と割り切って、夕方には家に帰り、ごはんを作って家族で食べる、そんな幸せだってある。どっちの方が幸せかと比べることなんてできないし、どっちを選ぶかは人それぞれです。自分のものさしで、他人の幸せを測ることはできない、と知っておきたいもの……。

先日、教師を辞め、ライフコーチとして起業された方をインタビューする機会がありました。コーチングとは、相手の話に耳を傾け、質問を通して、内側にある答えを引き出す技術。「今、現状に悩んだり、苦しんだりしている人を、どうやったらそこから抜け出させることができるのですか？」と聞いてみました。すると「私が、『抜け出させる』ことはできません。まずは、その人がつらいと思っている原因が、ほんとうにそれか、を聞いてみます」と彼女。たとえば、同僚から認めてもらえないのがつらい、と思い込んでいる人がいたとします。でも、よくよく聞いてみると、もちろんそれもつらかったけれど、本当の原因は今の仕事を選び、それによって家のことができない、子供と接する時間が少なくて申し訳ない、と思い込んでいたことだった、ということが見えてきたりするそう。『つらい』の本当の理由って、見えないことがほとんど。それを一緒に探しに行く感じかな」と彼女。

つらいとか、つらくないとか。好きとか好きじゃないとか。幸せとか不幸とか。私たちが常にジャッジしている対象は、もしかしたらとても曖昧なものなのかもしれません。「もやもやする」と感じるのは、自分でもつらいのか、つらくないのかがわからなくなっている状態のよう。

先日、サントリーホールで開催された、ピアニスト辻井伸行さんのコンサートに行ってきました。本格的なクラシックのコンサートには、ほとんど行ったことがなかったので、「眠くならないかなあ」と心配していましたが、始まってみるともう釘付け。ベートーヴェン、リスト、ラヴェル。そして、最後はウクライナ生まれで、クラシックの素地の上にジャズやラテン、ロックなどのリズムをプラスした、現代音楽家のカプースチンまで。卓越した技法で、力強く、時に優しい音色を聞いていると、「ああ、音が溢れ出ているんだなあ」と感じました。弾いている、というよりも、体全体から音楽がこぼれ出している感じ。この人は、今までいったいどれほどの音楽を体の中へ入れてきたんだろう、と思いを馳せました。

『みんラボ（みんなの才能研究所）』というポッドキャストの番組を主宰する、たかちんこと佐野貴《さのたかし》さんは、いろいろな人の才能を引き出す「才能博士」と呼ばれています。そんな佐野さんは、「才能とは、ついやっちゃうこと」と語っていました。「何か特別な能力＝才能」ではなく、たとえば漫画をひたすら読んじゃう、とか、とにかくスイーツが大好きとか。「ついやっちゃう」ことは、無意識のうちにその人の内側にどんどん蓄積され、誰にも負けない力となる。そんな指摘になるほど〜！と膝を打ちました。

目の不自由な辻井さんは楽譜を読むことができません。耳で聞き音を再現する。だからこそ、浴びるようにいろいろな音楽を聞いてこられたのだと思います。きっとそれは「努力して」ではなく、「好きだから」という情熱で、ただただ自然に体の中に染み入っていったんだろうなあ。そして、コップの水が溢れるようにこぼれ出す……。

　コンサートからの帰り道に考えました。辻井さんのような天才でなくても、私たち誰もが、そんな「溢れ出す」ものを持っているんじゃなかろうかと。自分の意識を超えたところで、「やっちゃっている」ことを探してみたらいいんじゃなかろうかと。毎日ごはんを作る段取りだったり、誰かの話を「うんうん」と聞いてあげることだったり、いつも元気よく挨拶することだったり。無意識にやっているあれこれこそ、自分のいちばんの強みなのかもしれません。

　世の中には目に見えないことがたくさんあります。そして、見えないことは「ない」と勘違いしてしまいます。でも、自分を変えたい時、アプローチすべき場所は、そんな「見えない領域」のような気がします。いやだなあ。しんどいなあ。やりたくないなあ。マイナスの感情が浮かんだとき、その原因は、今目の前にあることだけではない。そう知っておくと、解決の幅がぐんと広がります。帰ってごはんを作らなくちゃいけないと思うと憂鬱になる。それは「料理が嫌い」なのではなく、「時間がない中、焦って作る状況がイヤ」なだけ。だったら、仕事時間をずらしてみようか。もしくは、「7時に夕飯じゃなくて、

9時でもいいじゃん」と割り切ればいい。原因と結果という直接の結びつきだけでなく、ちょっと斜め横にある答えを拝借してくれれば、ぐんと気が楽になったりします。そして、周りに点在する答えをいくつも集める作業って、意外に楽しい！　ほ〜、こんなところに解決の手段があったか！　そうやって見つけたものにワクワクするのは、そこに「新たな自分」を発見するからなのだと思います。

自分を変えたいとき、しんどいときは、目の前の原因と結果に縛られず、ちょっと斜め横にある答えを拝借すると、「新たな自分」を発見できる

屋上に登って、メタ認知の練習を

暮らしをひとまわり小さくしよう。稼がなくても楽しく過ごせる日々を構築しよう。60歳を目前にして、そう考えるようになったこのごろ。できることから、とまず始めたのが、スーパーへの買い物の回数を減らすことでした。東京、吉祥寺という便利な街に住んでいるので、周りに食材を買えるスーパーがたくさんあります。仕事帰りに立ち寄ると、つい「あっ、これおいしそう！」「これもついでに買っておこう」と、カゴにどんどん放り込み、だんだん感覚が麻痺して、金額が少しかさんでも気にならなくなっていました。

そんなスタイルがガラリと変わったのは、コロナウイルス感染症の流行がきっかけでした。初期の頃は、スーパーへ行くことさえ怖い！　そこで、なるべく週1回まとめて買って、「冷蔵庫にあるもので作る」という当たり前のような方法にトライすることになったのでした。もちろん、この方が食費の節約になる、とは前々からわかっていました。でも、「その日に食べたいものを、その日に買い物に行って作る」方が、夕飯タイムが楽しくなる！　仕事を頑張ってるんだから、それぐらい許されるよね、と言い訳をしてきたのです。

ところが、仕方なく始めたこの方法で、案外楽しく作って食べることができるんだ、とわかってきました。時を同じくして夫が人間ドックでひっかかり、お酒と油物を控えなくてはいけなくなりました。はて？　何を作ろうか？　改めて我が家ではいかに揚げ物の登場が多かったのかと思い知りました。野菜の素揚げや、高野豆腐を一旦揚げてから煮るオランダ煮。肉団子や魚の甘酢あんかけも一度揚げてから、などなど。揚げ物を封印する代わりに、料理本やネットで調べて作り始めたのが蒸し料理です。茄子の皮を剝いてからセイロにずらりと並べて蒸す。タラの上にネギをちらし、バターひとかけと酒を振りかけて蒸す……。どの料理もシンプルなのにおいしくて、すっかり夢中になりました。

買い物に行かないまま、3～4日たつと、冷蔵庫の中がスカスカになってきます。それでも、残ったピーマンできんぴらを作ったり、ひき肉の残りで、肉団子を作って、白菜の残りと共に鍋にしてみたり。「お〜、もう一品できた！」「あれだけの材料で、なかなか豪華じゃん！」と、工夫する喜びを、やっと味わえるようになってきました。

気がつけば、夕飯のおかずは、蒸すだけ、炒めただけ、煮ただけ、になっていきました。野菜室を開けてみて、残り野菜を確認し、たとえば小松菜が残っていたら、ネットで「小松菜」と検索してみます。いろんなレシピをスクロールしながら、簡単でサッとできて、おいしそうなものを選ぶ。やってみて、おいしかったら「よっしゃ！」と我が家の定番入りに。最近のヒット作は、小松菜の塩炒め。まずは、鶏胸肉を細長く切って、さっと茹でておきます。フライパンに生姜と塩を入れて熱し、小松菜を投入。茹でておいた鶏肉を入れて炒めれば完成です！　所要時間10分ほど。調味料は塩だけなのに、生姜のさわやかさが加わり、シャキシャキの小松菜のおいしいこと！

ちゃちゃちゃっと作っただけなのにおいしいと、手をかけて作ったおいしさとはまったく別の種類の嬉しさでニマニマしてしまいます。手間がかからないとイライラしなくなるし、夫に「お、うまいの〜」と言ってもらうとさらに嬉しい！

この連鎖で夕飯の支度はどんどんラクになっていきました。

コロナがなかったら、私は今も、イライラしながら揚げ物中心の夕飯づくりをしていたことでしょう。当たり前に繰り返している日常から一歩離れるって難しいんだなあと、この経験を機に「メタ認知」ということについて考えました。メタ認知とは、自分自身を超越した場所から客観的に見ること。つまり、自らの認知のあり方を、さらに認知する。「今」の自分から離れて、空の高いところから見下ろしてみる、ということです。

定期購読している勝間和代さんのサポートメールで、「許しのレッスン」というタイトルの文章を読みました。人との付き合いでは「許し」が大切なのだと言います。「大事なのは自分にとってあるいは相手にとってより幸福な未来がどのようにすれば生まれるかということ」で、正しいのはどっちなのかということではないと。私たちが、誰かと向き合い、会話を交わすとき、つい「あなた」と「わたし」の違いにフォーカスし、「どっちが正しいか」という答えを出そうとします。

でも、勝間さんが教えてくれたのは、人が生きる目的は「正しさ」ではない、ということでした。思えば私はずっと、「正しいこと」を探し続けてきた気がします。仕事で成功するにはどうしたらいいか？　豊かな暮らしって何か？　いい人生って何か？　どうしたらその「答え」を知ることができるのか？　その正解を知るために、人の話を聞き、本を読み、考えたり、悩んだり。でも、人生って、どうやらそういうものではない……。勝間さんは、私たちの人生や生活の中では揺らぎが必要と書いていらっしゃいます。「揺らぎがあることによって初めて新しいことに気づくことができますし、成長もすることができるようになります」。

うまくいかないことに直面するたびに、私たちはオロオロします。病気になれば落ち込むし、仕事が思うようにできないとがっかりして、人と心がすれ違えば悲しくなって涙する。それでも、とまた歩き出し、時には嬉しいことにも巡り合うし、しみじみ幸せを噛み締めたりもします。今まで、できれば気分が上がったり下がったりすることなく、何があってもアタフタしない人になりたいと思っていたけれど、揺らぐことそのものが、生きるということの本質なのかも、つまり、「揺らいで当然」と知っておくということ。そうすれば、そこから無理に逃げ出そうともがく苦しみが、少しは減るのかもしれません。

以前、中尾ミエさんにインタビューをさせていただいたことがあります。「可愛いベイビー」でデビューされたのは、16歳のとき。いきなりミリオンセラー歌手になった時、「この後は落ちていくしかない」と不安ではなかったですか?と聞いてみました。すると、「山があったら必ず谷がある。だから谷にいるときには、いろいろな人に会ったり、習い事をして充電したり、谷にいることを楽しめばいいと思います」と。人はどうしても、谷にいると、どん底だと絶望し、もううまくいくことはないのではと怖くなり、悲しみに暮れ、何もしたくなくなってしまいます。谷が世界のすべてだと思い込んでしまう。でも、空の上から眺めてみれば、自分がいる位置が見えてきて、その先に山が続いていることが理解できます。

出張で、新幹線に乗るとき、東京駅を発車して新横浜までの間の車窓の風景を眺めるのがとても好きです。品川、新横浜といつも暮らしている街を、一歩枠の外に出て見ている気分になって、「あの中で、ちっぽけな私が毎日あくせく働いているんだなあ」となんだか自分自身が愛おしくなってきます。すると、昨日まで気を揉んでいたあれこれが「ま、どうにかなるか」と思えてくるから不思議。いくら頭では理解していても、一歩引いた広い目を持つのは難しいもの。だったら、いっそのこと、物理的に「距離」をとってみる、というのが有効なのかもしれません。

いつも自転車を置く駐輪場は、建物の4階＝屋上です。「あ〜あ、なんで4階しか当選しなかったのよ〜」と文句を言いたくなるけれど、仕事からの帰り道、ふうふう言いながら階段を上がり、自転車を取りに向かうと、頭上には夕暮れの空や星空が広がっていて……。いつも暮らしている街の上には、こんな世界が広がっていたんだ、と心が晴れ晴れとしてきます。これも、自分から離れるための「プチメタ認知」だなあと思います。

煮詰まったりイライラしたら、とりあえず高い建物に登ってみればいい……。ごはんを作ったり、仕事をしたり、友達とおしゃべりしたり。一日に起こるあれこれの間で、風に吹かれながら「揺れる」自分を見つめる練習をしたら、何かがちょっと変わるかなあと思ったりします。

揺らいで当然。煮詰まったら、俯瞰して眺めてみる。自分がいる位置が見えてきて、その先に山が続いているとホッとできそう

仕事メガネをはずしてみたら

今年のはじめに、ひとつの決め事をしました。それが、日曜日には仕事をしない、ということ。フリーランスで仕事をする私には、平日と休日の線引きがありません。取材が入れば出かけていくし、原稿の締め切りがあれば完成するまで書き続けます。それが当たり前になって、気づけば、オンとオフの切り替えが上手にできなくなっていました。なんとなく、パソコンの前に座らないと不安。仕事をしていない自分に罪悪感を覚える……。そんなモードでずっと暮らしてきた気がします。

日々の暮らしの中から、小さな発見をし、それを綴っていくのが私の「書く」という仕事です。だから、料理をしていても、掃除をしていても、寝転がってテレビを見ていても、毎日のすべてが、書くためのネタになります。だからこそいつかそのネタが尽きるんじゃなかろうか？　自分の中が、スカスカの空っぽになったらどうしよう？　そんな不安が絶えず頭をかすめます。ずっとアウトプットするばかりでなく、インプットの時間も作らなくちゃ……。それが、「日曜日には仕事をしない」と思いたったきっかけです。

土曜の夕方。「さあ、明日は何をして過ごそう？」と考えました。すると、「あれ？　何したらいいんだろう？」と思いつかず、途方に暮れてしまいました。ドライブに行ったり、映画や美術館に行ったり、買い物に行ったりと、いろいろ「できること」はあるはずだけど、行くなら、混んでいる週末ではなく、平日に行きたい。それが、会社員ではないフリーランスの特権です。じゃあ、「お出かけしない」で、何する？　それがまったく思いつきませんでした。「仕事をしない」と決めた時、発見したのは、何もできない自分自身でした。もしかして、「日曜日には仕事をしない」と決めたことは、別なメガネをこしらえて世界を見るためだったのかも。そして、この「何をしたらいいかわからない」という、思ってもいなかった状況に、なんだかワクワクしてきたのでした。

どんな人も、自分だけの「メガネ」で辺りを見ていて、「これが世界というものだ」と思い込んでいます。子育て中の人は「母親」というメガネで、会社員の人は「会社員」というメガネで。でも、それで見えているのが「本当の世界」だとは限りません。誰もが自分が見たい世界を見ている……。これを認知バイアスというそうです。過去の経験や、偏見、先入観によって、人の思考や行動に偏りが生じる、という「歪み」のこと。

講談社の編集者を経て、漫画家や作家など、クリエイターのエージェント会社「コルク」を営む佐渡島庸平《さどしまようへい》さんは、著書『観察力の鍛え方』（ＳＢ新書）の中で、この認知バイアスには、６つのパターンがあると説明されています。「仕事こそがいちばん大事」というような思い込みは「確証バイアス」、ついネガティブな情報へ意識を向けてしまう「ネガティビティバイアス」、みんなの意見に流される「同調バイアス」などなど……。誰もが、何かしらの「思い込み」をしていて、それが真実だと固く信じ込んでしまう。でも、他方で佐渡島さんは、「バイアスを全否定する必要はない」とも言います。「バイアスは、ヒトという種が生き延びるために遺伝を使って作り上げた、偉大な仕組みでもある」と。過去の経験の中で獲得した、自分だけの真実を杖に、私たちは人生をしれません。

歩いているわけだから、その杖をいきなり取り除いたら、転んでしまうのかも

ただ、自分の思考がもし歪んでいるなら、「歪んでいる」と気づいていたいなあと思うのです。「バイアスを意識できるようにする。そのために、僕が使っているのは、『問い』だ」と佐渡島さんは綴っています。「人は自分が見たい世界だけを選んで見ている。（中略）自分が見たい世界の中では、立つ波風も自分が望む想定の範囲で、心地よく生きられるかもしれない。しかし、僕は心地よくないとしても、現実ににじりよりたい。（中略）未来がわからないと、人は不安を感じる。一方で、その不安は未知のものへのワクワクにもなり得る。バイアスについて学び、バイアスを武器にして、現実を見る準備ができていると、同じものをみても、不安ではなく、ワクワクできると僕は考えている」。

「仕事」というメガネを外したとき、世界はどう見えるのだろう？　それが私の「問い」でした。そして、日曜日になったら「メガネ」を外して、今まで見えなかった世界を見てみようというわけです。

そしていよいよ日曜日の朝、さあ、何をしよう？と考えてみると、いろんな

ことが浮かんできました。「いつかやろうと思っていた、納戸の片付けをしようか?」「年末にやりそびれた、食器棚の拭き掃除をしようか?」「久しぶりにクッキーでも焼いてみようか?」「塩豚を仕込もうかな?」いや、いかん! いかん! これらは、「はりきりモード」で「今までの延長線上」でとりかかることばかり。う〜む、「メガネ」を外すって難しい……。

実は佐渡島さんのご著書は、意外な展開で終わります。あれだけ「観察」についてて解説されているのに、最後にこう綴られています。「わからないことをわからないまま伝えている作品を、僕は編集したい。(中略)僕はその『わからなさ』を味わい尽くすことが、よく生きることだと考えている」と。

何? 観察するのは「わかる」ためじゃなかったの? 「わからない」ことは、「わからないまま」でいいんだ! 確かに、何かを「わかろう」としたとき、無理やり答えを導き出そうとします。でも、「答え」を出すことだけを目的にしたとき、そこには必ず歪みが生まれてしまう。私たちが「わからない」を解決できる唯一の方法は「わからなさ」を味わい尽くすだけ、という分析に深く納得しました。

佐渡島さんはコロナ禍で、東京から福岡へ移住されました。そのことをこう書かれています。「本当に創造的になるのに必要なのは、夢中ではなく、退屈だと今は考えている。福岡の自然の中で僕は退屈な時間を過ごすのだ」。

ここでやっとメガネの外し方を教えていただいたような気がしました。メガネを外して、何かを見つけなくてもいいんだ！って。ピントが合わなくなって、世界がぼやけて見えたって、そのままそこで、ぼ〜っとしていればいい。つまり、日曜日に「何かをしなくちゃいけない」わけではないってことです。つい、何かを生産しないと生きる意味がない、と考えがちだけれど、何も生み出さず、何も考えず、何にも気づかない1日があってもいい。

実家で暮らしていた中学高校時代、学校が休みの日になると「暇だなあ〜」と時間を持て余していました。自分が何者になるのかがわからなくて、早く歳をとりたいと思っていました。歳をとれば「答え」がわかって、「答え」さえわかれば、安心してそこへ向かって歩いていける、と考えていたのだと思います。自分の前には、時間が無限にあり、世界は果てしなく広く、ちっぽけな自分に何ができるかなんて、皆目わからなかった。そして、ひたすら暇でした。

そっか、あの日に戻ればいいのかも。日曜日、「何をしよう？」と考えることをやめよう。玄関の戸をガラリと開けて、青空が見えたら、たたきの掃除を始めてもいいし、雨ならアマゾンプライムで映画をひとつ選んで、ソファで見ながら寝落ちするのもいい、何も計画せず、何も考えず、あの若い頃のような「暇」を心の中につくってみたら、今私はいったい何を感じるのだろう？　自分の力で何かを成すことをやめ、そこで起こることをただただ受け取る。日曜日は、当たり前になっていた思考回路の流れを逆行させるチャンスなのかもしれません。

実はあれから日にちが経ち、私はまた日曜日に仕事をしてしまっています。やはり、あの取り決めには無理があったよう。１日丸ごと休んで、月曜日にあたふた仕事を詰め込むより、１週間７日間に均等に分けて仕事をした方が、私のペースには合っているんだ、と気づきました。「日曜日に休むぞ！」と決めることは、私にとって「頑張って休む」ことに他ならないことが、やっとわかってきた次第です。その代わり、集中して仕事をするのは午前中だけ。午後になったら少し力を抜き、夜ごはんを食べた後は心おきなくダラダラします。ついはりきってしまう私には、食後のダラダラを心置きなく味わう程度がちょうどいいのかも。日曜日を巡る一連のトライ＆エラーの中で知ったのは、何かを知ろう、学ぼうというプラスモードとは真逆の、「暇」の中に降りてくる何かを、両手を合わせて受け取るということでした。

休日に、何も計画せず、何も考えず、「暇」を心の中につくってみる。そのとき感じることで当たり前になっていた思考回路の流れを逆行させて

あさって探し

ＮＨＫのテレビ番組『あしたも晴れ！人生レシピ』という番組に出演するために、渋谷にあるスタジオに収録に行ってきました。一緒にゲストとして出たのは落語家の林家たい平さん。番組のテーマは「人生後半のマイルール」です。

たい平さんのマイルールは、「毎日を思いっきり面白がること」。たとえば、ＷＢＣの野球観戦に行かれた時には、公式グッズがすべて売り切れだったため、１００円ショップで買ってきたブルーの帽子に、ご自身でフェルトをＪａｐａｎの「Ｊ」に切り抜いて貼り付け、家族３人でかぶって出かけたそう。「それを作っている時間から、ワクワクするじゃないですか！」とワハハと笑いながら語ってくれました。ある時は、先輩落語家のために、消しゴムハンコで似顔絵のスタンプを作ったり、楽屋で使うコースターを作ったり。またある時は、「自己流なんですよ」と頭をかきながら、行きつけの花屋さんでオアシスに花を刺し、知り合いに届けたり。とにかく、「そこまでやらなくても……」ということを全力で面白がるのです。事前に送られてきたVTRに目を通したとき、「仕事にはまったく関係ないことなのに、どうしてここまで夢中になれるんだろう?」と不思議でした。

スタジオでたい平さんが語られたのはこんなこと。「落語とは人の暮らしの営み、人情を語ること。だから、自分の人生すべてが出るんです」。なるほど〜、と腑に落ちました。「自分が面白がれば人生は楽しい。自分が楽しくなれば、隣の人も楽しくしてあげられるでしょう?」とたい平さん。あの野球帽をニコニコしながら作ったひとときも、親子3人でお揃いの帽子をかぶって観戦した時間も、すべてが落語につながっているのだなあ。

ここ数年、人生の「目的」と「手段」が、あるいは「原因」と「結果」が、直接結びつかない面白さを、ひしひしと感じるようになっていました。何かを手に入れたかったら、最短距離の手段でなく、一見何の関係もない、あさっての方角から、思い切り遠回りしてアプローチする。でも、それが実はいちばん確実で、いちばん嘘のない方法だったりする。たい平さんにとっては、それが「落語」と「野球帽を手作りする」という関係性だった……。

オンラインの経営スクールを創設し、企業論に関する著書を多数出版されている斉藤徹さんのインタビュー記事を読みました。29歳で日本IBMを退社し、ベンチャーを創業。倒産寸前など4回の危機と再生を体験したのち、気づいたことが綴られていました。「僕が目指したのは、事業を成長させ、競争に勝ち、ナンバーワンに上り詰める『勝ち組』の生き方です。（中略）僕は自分の感覚がまひしていたことに気付きました。（中略）起業家の存在意義はやみくもに会社を大きくすることではなく、生み出すサービスを通じて『幸せ』の循環をつくり出し、より良い世の中を創ることなのではないか。その価値が認められて初めて事業が社会に根を下ろし、持続的な成長ができるのではないか。起業家人生17年目。ようやく僕は経営の本懐に覚醒しました」（『日経クロスウーマン』）。

この文章の中で、私のアンテナがピピッと反応したのは「持続的」という言葉でした。そうか！　私が「あさっての方角」に惹かれるのは、「サスティナブル＝持続可能」な幸せが欲しかったからなんだ！　若い頃から追い求めてきた、いちばん手っ取り早く手に入り、いちばん効果的だと思い込んでいた「正解」は、手にしたとたん色褪せていきました。「たくさん仕事がしたい」と頑張り、仕事が増えてくると今度は、「やりたくないこと」もしなくてはいけなくなりました。「みんなに認めてもらいたい」と声を大きくしたら、知り合いの数は増えたのに、孤独を感じるようになりました。あれ？　一生懸命山を登って頂上に辿り着いたのに、着いた時には曇って目の前が霞んでしまった感じ。もっと違う方向に、決してなくならない、ずっと続く「幸せ」が隠されているんじゃないだろうか？　そこから私の「あさって探し」が始まったような気がします。まだ、それが東にあるのか西にあるのか、確かな在処はわかっていません。でも、「そこ」は必ずある！　天竺を目指した三蔵法師になった気分で、探索の旅を楽しみたい、と思うこのごろです。

何かを手に入れたかったら、最短距離でなく、一見何の関係もない、あさっての方角から思い切り遠回りしてアプローチを

健康の「こわい」をおさらい

悲しい日でも、ごはんはおいしい

夫の誕生日、近所のフレンチビストロの窓辺の特等席に案内されました。なかなか予約がとれない人気店なので、3週間前に予約した時には、カウンター席しか空いていませんでした。当日キャンセルが出て、窓辺の特等席が私たちに回ってきたのでした。まだ少し明るさが残る夕暮れの空気と、テーブルの上に揺れるキャンドルの灯りが溶け合うこの時間は、いちばん好きなひとときです。なのに……。たわいもないことを話しながら、互いの心に重たい石が詰まっていることを感じていました。というのも、この日出かける前に、人間ドックの検査結果が届き、夫のシートには「要再検査」の文字。聞いたことのない症状の名前が並び、いちばん悪い「G」という評価がついていました。すぐに病院に電話して、再検査の予約をしてからここにやってきたというわけです。

もしも、再検査でよくない結果が出たらどうしよう？　こうやって来年も誕生日にレストランに来ることもできなくなるかもしれない。そんな思いがぐるぐるぐるぐる。それからの数週間は、仕事をしていても、家でごはんを作っていても、夜ベッドに入ってからも、不安と恐怖がヒタヒタと足元に押し寄せます。「ちゃんと人間ドックに行きなさいよ」と会うたびに言ってくれた先輩に弱気なメールを送ると、「結果が出る前にくよくよしたって仕方がない。結果が出てからちゃんと向き合えば、それでよろしい」とピシリ。

たったひとつの体の細胞が異常を起こすと、明日はガラリと変わってしまいます。今日と同じ明日が必ずやってくるわけではない。当たり前の事実を肌で感じたとき、今まで自分を支えていた何かがガラガラと崩れ去る気がしました。

ずっとがんばってきたけれど、人生後半は夫と「おいしいねえ」とごはんを食べる、そんな時間を大切にしよう、と考え始めた頃でした。なのにもしかしたら最悪の場合、夫がいなくなって、私はたったひとりで生きていかなくてはいけないかもしれない。えっ？　そんな予定じゃなかったのに！

ビストロでのコース料理は野菜をふんだんに使った、それは美しくおいしいものばかりでした。どこかにピリピリとした思いを抱えたまま、ひと皿ひと皿を味わううちにわかってきました。こんな最悪な思いを抱えながらも、人は「おいしい」とか「美しい」と感じられるんだって。どうやら、人は相反する感情を併せ持つことができるよう。そして、改めて心に誓いました。心配性の私は、「〇〇だったらどうしよう?」と未来にばかり意識を飛ばして、必要以上にあれこれを怖がってきたけれど、これからは、「今ここにあるいちばんいいもの」を、心を尽くして味わおうと。

　幸い夫の検査結果は、「経過観察」となり、最悪のことは起こりませんでした。「絶対大丈夫」と言われたわけではないから、晴れ晴れとした気分にはなれないけれど、それだけでも感謝の気持ちでいっぱいです。

　朝、8時になると、フルーツを食べながらNHKの朝ドラを見ます。『ちむどんどん』では、バナナをくわえながら号泣しました。黒島結菜《くろしまゆいな》さん演じる主人公の暢子《のぶこ》が満を持してオープンした沖縄料理の店「ちむどんどん」は、開店数日後から閑古鳥が鳴き、うまくいきません。悩んでいる暢子に、以前修行していたレストランのシェフ、高嶋政伸さん演じる二ツ橋さんがアドバイスをくれます。それは、こんな言葉でした。「うまくいかないときはやめてもいいんです。一度とまって休んでもいいんです。あなたは飲食店で成功するために生きているわけではありません。幸せになるために生きているんです」。

誰もが、お店を開けば繁盛させたいし、仕事をするならそれなりの評価を得たい。成功した方がいいに決まっているけれど、「成功しなくたって幸せになれる」と知っておくことはすごく大事。そう教えてもらいました。

仕事で失敗したり、夢が叶わなかったとしても、そして、病気になったとしても、面白いテレビを見てワハハと笑ったり、ビールを飲んでプハ〜ッと息を吐きながら、「あ〜、幸せ！」と感じるひとときがきっとあります。だったら私たちにできる唯一のことは、マイナスの感情に乗っ取られる前に、くるりと背中を向けて逃げ出すことなんじゃなかろうか？　そう考えました。若い頃は、「逃げてはダメ」と意気込んでいたけれど、今では逃げた先にゆっくり休める場所があるなら、そこでふ〜っと息をつけばいい、と思っています。

私が運営するウェブサイト『外《そと》の音《ね》、内《うち》の香《か》』で、2022年9月から新しいコンテンツを始めました。題して「『私を見つけて』プロジェクト」。世の中には、「こんないいものを作ったから、みんなに知ってほしい」「こんなお店を始めたから、いろんな人に来てほしい」「こんな私のことを見つけてほしい」と願っている人がたくさんいます。でも、若い頃の私もそうでしたが、どうしたら知ってもらえるかがわからない。そこで、微力ですが、サイトでご紹介し、「何かワクワクできることを見つけたい」と思っている人との間の橋渡しができれば、と考えたというわけです。

ドキドキしながら、プロジェクト開始の告知をすると、多くの人が応募してくださり、今、そのひとりひとりとミーティングをし、コンセプトプランを練っている最中です。そこで、大事になるのがその人の心の底にある本音。きれいに飾られたコンセプトや、ふわっとした説明だけでは、「私を見つけて」という想いに共感してもらうことはできません。「そうそう、そうだよね」と言ってもらうには、どうして「私を見つけて」と渇望するのか、本物の理由を拾い上げないと。打ち合わせでは「本当にそうですか？」と問いかけます。

そこには、私自身の体験がつながっています。優等生でいい格好しいの私は、長い間、自分の「イケていない」ところを出すのがイヤでした。ライフスタイルについての記事を書くライターだから、自宅も美しく、隅々まで掃除をしていなくちゃ！　でも、実際には、仕事が立て込んでくると、取り込んだ洗濯物は山積みになるし、キッチンのガスコンロはベタベタになる。いつも「ちゃんとする」なんて無理だよね。

ある時期からそう諦めて、ありのままの自分について綴るようになると、多くの方に「私もそうです～」と言っていただけるようになりました。三日坊主であることも、人の目が気になって、誰かに褒めてもらわないと気が済まないことも、自分の欠点や弱さを認めて正直に書くことで、同じ後ろめたさを抱えている人の心に届く……。

だから、プロジェクトの参加者のみなさんにも、できるだけ格好をつけないで、素の自分のままで発見したこと、だからこそ「やりたい」と思ったことを語ってもらいます。彼ら、彼女らの迷いや不安のプロセスに、読む人は心を寄せ、「ああ、この人が作るものなら」「この人の教室なら」と、行動を起こしてくれる気がします。

人が幸せになるためには、「無理して頑張る」という状態を脱出し、ありのままの自分でできることを探すことがいちばんの近道なんじゃないか。そう知ると、な～んだ！と肩の力を抜くことができます。欠点を克服しなくても、マイナスを抱えたままでもできることがある……。

若い頃は「現実」と「理想」というふたつの世界があって、「努力」という手段で、その橋を渡るものだと信じていました。でも、現実をひっくり返すなんてほとんど不可能だし、理想という幻はいつまでたっても、遠い彼方にかすかに見えているだけでした。だったらふたつを分けなくてもいい。私ができる唯一のことは、目の前にあるお饅頭を、冷めないうちに熱々のまま食べること。どこかにもっとおいしいものがあるんじゃないかとキョロキョロしないで、湯気の立つお饅頭に即行で手を伸ばす……。そんな生き方ができればいいなあと思っています。

私たちにできる唯一のことは、恐怖や不安や後悔に乗っ取られる前に、くるりと背中を向けて逃げ出すこと。

仕事で失敗しても、病気になっても、そのままの自分で笑うことはできる

初めての入院

2022年12月、生まれて初めて入院というものを経験しました。いやあ〜快適だったなあ〜。高台にある病棟は11階建て。4人部屋の予定だったのに、満室だからと2人部屋に入らせてもらえてラッキー！　10階の角部屋からは、東京タワーもスカイツリーも見渡せて、朝焼けから夕暮れ、月が浮かぶ夜景までを楽しむことができました。

7月に受けた人間ドックで大腸ポリープが見つかり、通常のものより大きく、さらに腸に張り付く扁平の形だったので入院して切除手術を受けました。2センチ以上になると、大腸癌の疑いがある……。そう聞いたときには、呆然としました。幸い術後の経過は順調で、予定より2日も早く退院。今、こうしてパソコンに向かっているというわけです。ただし、病理検査の結果待ちです。まだ白か黒かはっきりしない。そんな時だから書けることを、ここに書いておこうと思います。

切除手術が必要だ、とわかったのは11月のことでした。そこから「もし、癌だったらどうしよう」と四六時中そのことが頭を離れませんでした。でも、どこかで「ま、いいか」と思ったのも事実です。「え？ もういい？」とそんなことを考える自分にびっくりしてしまいました。なにがもういいのかな？ なぜだか、あっけらかんとした自分の心に問いかけてみると……。「私、ここまで十分頑張ったもの」と思ったのでした。

フリーライターになって、ひとりで食べていけるように、仕事を頑張ってきたよなあ。『暮らしのおへそ』というムックを立ち上げたり、『外の音、内の香』というウェブサイトを作ったり。ライター塾も始めたし、あれこれ、いろんなことをやってきたんだよなあ。こんなにやれたら、もう十分だろう、と思ったのです。

それでも、夜ベッドに入ると「もし……」と、胸いっぱいに暗い気持ちが広がります。朝起きても、そのモヤは晴れずに、ずっとどんよりとした気分でした。夫も人間ドックでひっかかり経過観察の身。ああ、人生後半になると、突然こんな風に、健康が脅かされるようになるんだなあと、驚いてしまいます。

思えば、これまで、いろいろ大変なことはあったけれど、私の人生はそこそこ順風満帆だったのかもしれない。ふとそんな考えが浮かんできました。え？そうだったの？とこれまたびっくり！　というのも、私は若い頃からずっと「まだまだダメだ」「もっとよくなるはず」と物足りなさを燃料にして、エンジンをふかしてきたのですから。でも、ここにきて冷静に一歩引いた目で自分の人生を振り返らざるを得なくなったとき、好きなことを仕事にし、それなりに努力が成果に結びついてきたことは、幸せだったんだ！と自分を認めてあげたくなったのでした。なのに……です。突然、自分の力ではどうしようもない「癌かも」という事実が、やってきちゃった！

こんな状況になって、改めて「ああ、もしかして、そういうことね」と感じています。そろそろ私は「それ」を認めなくちゃいけないって。「それ」とは、悲しみと喜びは、共存するということ。人間は相反する価値観を同時に持ちながら生きていけるということ。つまり、病気であっても幸せになれる。お金がなくても豊かに過ごせる。仕事をしなくても楽しく暮らせる、ということ。

私は猪突猛進型の性格なので、ひとつのことに囚《とら》われると、他のことが見えなくなりがちです。誰かにちょっと悪口を言われただけで、「私のことなんて、誰も好きじゃないんだ」と落ち込んだり、失敗をしたら「もう人生はおしまいだ」と引きずり続けたり。その上、優等生気質なので、理想を掲げたら、ゴールテープを切るまで頑張り続けなくちゃ、と思ってしまう。つまり、0か100かの両極端で、50点で満足する、ということができません。でも、人生は、いつもホームランを打てるわけじゃない。なのに、私はずっと「ホームランを打ち続けたい人」だったというわけです。

今、病理検査の結果を待ちながら、もやもやとした状態で暮らしていても、朝起きたら、き〜んと冷たい冬空はきれいだし、毎日お腹はすくし、夫としょうもない冗談を言い合いながら大笑いしたりします。だから、きっとできるのだと思います。右手に悲しさや苦しみや悩みを持ちながら、左手に喜びや笑いや幸せを持ち、20点でも50点でも、そこそこ楽しく過ごすってことが……。

今までの私は、何かがうまくいかなかったら、世界中が悪いことで満ちている、みたいな絶望的な気分に陥ってしまっていたのでした。それは、たぶん、その方がラクだったから。悪いことだらけの中、ほんの少しいいことがあれば、ほっと安心して「あ～、やっぱ、よかったじゃん！」と喜ぶことができます。反対に、良いことに手を伸ばして「ああ、楽しい～！」と浮かれている最中に、「やっぱりダメだった」とわかると、よりがっかりします。私は、その落差の体験が怖かったのだと思います。

物心ついた頃から、極度の怖がりでした。それは、きっと優等生として育てられたから。ちゃんとしていなくちゃいけない。いい成績をとらないといけない。人から褒められなくちゃいけない。失敗しちゃいけない。幼い頃から刷り込まれた思いが強すぎて、そこからずれたり、落ちたりすることが怖い。

この「怖がり気質」が、人生のあらゆるところで顔を出します。いつもいい仕事をしていたいから、ちょっとアマゾンのレビューで悪いことを書かれると、どよ～んと落ち込んでしまう。どんなに稼いでも安心できないし、老後が心配になってしまう。みんなに好かれるなんて無理なのに、どうやら、あの人にあんまりよく思われていない、と耳にすると、気になって気になって仕方がなくて、しまいには逆に腹を立て「あの人なんて」とプリプリしてしまう、などなど……。なんて「びびりんぼう」なんだろうと、自分でも情けなくなってきます。この怖がり気質が、いろんなことにストッパーをかけ、見たいものからあえて目を背け、聞こえてくるものに耳を塞ぎ、欲しいものに手を伸ばすことを躊《ちゅう》躇《ちょ》させてきたのかも。

もっとおおらかに、みんなに好かれなくてもいいさ。稼げなくてもなんとかなるさ。ずっと上り調子でなくたっていいさ。と考えられれば、「こうもできるけど、ああでもいいよね」と、仕事の選び方、人との付き合い、これからの人生設計と、あらゆる場面で人生の選択肢がぐんと増えるんじゃないかなあ。そうしたら、もっと気楽にもっと軽やかに、歩いていけるんじゃないかなあ。

今回の入院は、この「怖がり」をそろそろ手放してもいいんじゃない？というサインなのかもしれない、と考えるようになりました。命に関わるいちばんの「恐怖」を目の前にして、「でも」と前を向く。そうせざるを得ない状況を、神様がプレゼントしてくれたのかも。だから、少しずつ、怖がらない練習をしようと思います。病理検査待ちでもやもやするけれど、おいしいものを食べ、好きな本を読み、誰かとおしゃべりを楽しんで、「お、なかなかいいじゃん！」という時間を少しずつ増やしていく……。そうやって、そろりそろりと楽しむ経験値を増やしていけたらいいなあ。歳を重ねるということは、若い頃の価値観とは真逆なものも自分の中に少しずつ取り入れ、「多様性」という畑を耕すことなのかもと考えます。

そうやって正解がひとつではない人生を再構築していきたい。怖がりながら、ビビりながら、もうひとつの腕を、お楽しみの方へ。どうやら、人生は若い時に考えていたように、パッキリと割り切れるものでもないし、真実に一直線に繫がっているわけでもないよう。本当のことは、今までの方程式の先にはなくて、思いもしない、あさっての方角にあるのかもしれない……。だから今、ウロウロ、オロオロしながら、まっすぐな道を進むことを手放して、思い切って、人生の予定表にはなかった、斜めの方角へジャンプする時期なのかもしれないなあと思っています。

人間は相反する価値観を同時に持ちながら生きていける。つまり、病気であっても幸せになれる。お金がなくても豊かに過ごせる。仕事をしなくても楽しく暮らせる。だから、「怖い」にのっとられないように

「旬」のある暮らしと、誰かに褒めてもらうこと

毎年2月になると、我が家の庭にはこっそりとクリスマスローズがつぼみをつけます。なぜ、「こっそり」かと言うと、クリスマスローズって、葉っぱの下に隠れるように咲くから。上から見ているを「あれ？　今年は全然咲かないなあ」と見つけられないけれど、近寄って葉をそっと手でよけてみたら……。地面近くに小さな真っ白なつぼみをつけていて「ああ！」と思わず声が出てしまいます。

毎朝食べるリンゴを、長野県のリンゴ農家さんから取り寄せようとネットショップを開いても、1月にはすべてが「ソールドアウト」になっています。リンゴって、寒い時期の果物だと思っているけれど、出荷はもう12月の中旬で終わってしまうのだとか。リンゴのコンポートを作るときに必ず一緒に煮る柚子

も、いつの間にかスーパーの店頭から姿を消し、あったとしても「えっ？　たかっ！」という値段になってしまいます。

季節の巡りって駆け足。気づかないうちに、ビュンビュンと目の前を通り過ぎます。できればそのひとつひとつを味わいたいと思うけれど、忙しい毎日の中ではとても無理。ずっとそう思っていました。私には、もっと大事な仕事がある。手がけている『暮らしのおへそ』を作ったり、書籍の原稿を書いたり。そんな「本業」に差し障りがない程度に旬の恵みをちょいちょいつまみ食いしてきた感じです。

そんな中、2023年2月中旬に2回目の入院をしました。何もすることのない病室で、ネットフリックスで見たのが『舞妓さんちのまかないさん』というドラマです。大人気だという漫画を、是枝裕和監督がドラマ化したもの。存在は知っていたのですが、「よくある京都の歳時記と、見栄えのいい舞妓さんを掛け合わせた『いかにも』の物語でしょ！」と食わず嫌いのままだった番組でした。

ところが病室のベッドで見たその番組に、すっかり引き込まれて、全9話を一気見！　是枝監督のフィルターを通した映像はさりげなく美しく、フードスタイリストの飯島奈美さんが、料理を手がけているだけあって、どのまかない料理も張り切りすぎず、暮らしの中から生まれた普通のごはんばかり。ネギとお揚げさんを散らしたうどんも、「なべっこ団子」と呼ばれるお汁粉も、豚汁も、あれもこれもおいしそう！　「まかないさん」として楽しそうに包丁を握る、主人公のキヨちゃんの手仕事に見惚れて、終わった瞬間に「あ〜、料理したい！」と強烈に思いました。2日間絶食だったこともあり、買い物をして食材をキッチンに持ち帰り、好きなものを作って食べる、ということをこんなにも渇望したのは初めてでした。

そして、一日中「やるべきこと」がなにもない病院の中で、ふと季節を味わう網目をもう少し細かくしてみようか……と自然に考えるようになっていました。春に苦味のあるうどや菜の花を食べ、夏にスイカを割り、秋に栗ごはんを炊き、冬にぶり大根を煮る。旬をいただくことは、「丁寧な暮らし」をつくるためでなく、あと残り何回巡ってくるかわからない「旬」を「食べる」という行為によって味わい、楽しみつくすこと。日常の中に宿る、季節に彩られた記憶こそ「幸せ」というものなのかも。そう思ったのでした。

そんな清らかな心になっていたところ、『明るい方へ舵を切る練習』（大和書房）という拙著の重版の知らせが届きました。思いがけず発売1週間後の朗報に、「やった〜！」とベッドの上で大喜びしました。自分の仕事が評価される、というのは本当に嬉しいこと。よく「人の目なんて気にしなくていい」と言うけれど、私はやっぱり褒められることが大好きです。頑張れば、頑張っただけ評価されないと、なんだか寂しくて、若い頃からずっと「人の目」をエンジン代わりに頑張ってきました。

そんなことを考えながら、あれ？とパソコンの画面を眺めました。数分前キヨちゃんのまかないごはんに感動し、日々のささやかな幸せを大事にしよう！としみじみ思ったのに、「やっぱ、本は売れなくちゃね！」と、正反対のことを考えていました。旬の食材を使って料理をし、おいしく食べても誰も褒めてはくれません。毎日のごはんと仕事の評価。そのふたつの幸せは、種類が違うのかな？　いったいどっちが大事？　時間がたっぷりあった病室の中で、私は相反するふたつをじっくり見つめながら、胸に手を当てて自分に問うてみたのです。その結果出した結論は、「どっちも欲しい！」ということ。

若い頃は、世の中がどういうものか、自分がどう頑張ればいいのかもわからなくて、トライして、誰かに褒めてもらったり、評価を受けることで、「よし！」と自分の足場を確かめていたような気がします。他人という鏡によって自分を磨いているようなイメージ。でも、経験を重ねることで、少しずつ自分の中に指針が育っていくと、他人の意見に振り回されることが減り、「やりたいこと」を中心に、仕事や暮らしを組み立てていくことができるようになります。

評価の軸が自分の外側にある場合の問題は、それを自分の力でコントロールすることができない、ということです。せっかく頑張ったのに、誰も褒めてくれなければ落ち込むし、評価が得られなければがっかりします。そんなアウトオブコントロールな正体不明の力に振り回されないように、「私には毎日のごはんがあれば幸せ」と自分軸を少しずつ太くしていく……。もしかすると、私たちは、自分の内側と外側にあるものさしのバランスを微妙に調整しながら、自分のご機嫌を取るのかもしれません。

50歳になった頃から、なんとか他人軸から自分軸へ足を移そうとトライしてきました。でも、どんなに「人の目を気にしない」と言い聞かせてみても、どうしても気になります。だったら、無理して取り除かなくてもよくない？と考えるようになりました。

自分がよければそれでいい。そう割り切ることができれば、生きることはずいぶんラクです。でも、人はひとりで生きていくわけにはいきません。どうしたって、仕事仲間や、ご近所さんや、友達や、家族と、他人と関わらざるを得ない……。そんな他人はみんな自分とは違う意見を持っています。他人軸がアウトオブコントロールなのは、世界が多様である、という証しでもあります。だったらそれを、「自分らしさ」を磨くためのツールとして利用しちゃえばいいんじゃん！というわけです。

若い頃と今が大きく違うのは、人と意見が違うのが当たり前、と知ったこと。かつては、「それ、違うと思う」と言われただけで、どこが悪いのだろう？と必要以上に卑下したし、あの人は私をどう思っているのだろうとオロオロと怖がったもの。でも、人生の後半に差し掛かった今、やっと「みんな違っていいんだ」と思えるようになったのでした。今でも誰かと意見が食い違うと、ドキドキしてしまうけれど、そんな時は「落ち着け、落ち着け、違って当たり前！」とおまじないのように唱えることにしています。

思いもかけない違和感や、摩擦があってこそ、「なるほど、そういう見方もあったのか」と新たな視点を獲得する。他人軸は、決して悪いものではなく、自分軸の精度を上げる力となるのではないかと思います。

今日の夜は菜の花のおひたしにしよう。庭のクリスマスローズを切って玄関に生けよう。一日は、誰にも知られない自分だけの喜びを積み上げることで構成されている。そう考えると、さあ、今日はどんな楽しいことを見つけようか？と嬉しくなってきます。

一方で、誰かに褒めてもらって嬉しい！という喜びがあってもいい……。自分がやったことが、社会という大きな枠の中で、どう評価されるのか？　その結果をこの手で受け止めるのは、とてもやりがいがあること。ただ、もし評価されなかったとしても、ペタンコに押しつぶされるのではなく、食卓の上には菜の花があるし、玄関にはクリスマスローズが揺れている、と気づくことができればいいなあと思うのです。そんな両輪で、毎日を見つめることができれば、

「あっちがダメでもこっちがあるもんね」と、自分で自分を納得させられる気がします。歳を重ねるということは、そうやって、幸せを測るものさしを、複数持てるようになる、ということなのかもしれません。

「人の目」がアウトオブコントロールなのは、世界が多様である、という証し。違和感や摩擦があっても、「そういう見方もあったのか」と新たな視点を獲得すればいい。他人軸は自分軸の精度を上げる力になる

自分の体と向き合い教えてもらうこと

今から6〜7年前、更年期障害と思える症状が少しずつ出始めました。冬でも、体がカ〜ッと熱くなって、額から汗が吹き出し、これが「ホットフラッシュ」というものか、とびっくりするやら、恥ずかしいやら。取材で現場に到着し、「こんにちは〜」と挨拶をすると同時に汗がどっと出ます。しかも顔にいちばん多く汗をかくので、出会う相手にすぐにバレて、「大丈夫ですか？」と心配されることもしょっちゅうでした。とりあえず大判の手拭いを2枚バッグに入れ、扇子を持ち歩くことで対処。「更年期なんだから仕方ないし」と自分に言い聞かせるうちに、なんとなく収まっていきました。

もうひとつ悩んだのが「喉のつまり」という症状です。ふと気づくと、喉のあたりに違和感があり、何かが詰まっているような気がする。ちょうど知り合いの編集者が食道がんになったこともあり、「もしかして私も？」と心配になりました。そこで、まずは耳鼻科へ。鼻からファイバースコープを入れて、喉の状態を見てもらいましたが「きれいですよ。大丈夫！」とのこと。だったら、甲状腺かしら？と今度は甲状腺内科へ。こちらは、ひんやりするジェルを喉に塗って、エコー検査を受けました。結果は異常なし。これはやっぱり食道かもと、内科へ。「心配だったら、内視鏡の検査をしますか？」と言われて、何がなんでも原因をつきとめたかった私は「はい！」と胃カメラでの検査を受けることにしました。ところがこちらも特に異常はないとのこと。

もう行くお医者さんがない、となった時、ここで初めて「喉のつまり」というワードでネット検索をしてみたのでした。すると……。なんと更年期の症状に多いということが判明。「そっか、これって更年期障害だったのね」とやっと落ち着いたというわけです。

ちょうどその頃、友人と会って「更年期がさあ〜」と話をしました。すると彼女もいろんな症状が出ているということで「いいサプリメントがあるよ」と教えてくれました。それが、大塚製薬から出ている「エクエル」です。大豆イソフラボンを摂取すると、特定の腸内細菌によって女性の健康や美容を支える「エクオール」に変換されます。でも、その腸内細菌を持っているのは日本人女性の50％なのだとか。「エクエル」は、この「エクオール」を補ってくれるサプリメントでした。さっそく買って飲み始めてみると……。なんと1週間ほどで、あの喉のつまりがピタリとおさまったのでした。

ただ、このサプリメント、1か月分が4000円超とちょっと高い……。だったら大豆イソフラボンを自分で摂ればいいんじゃない？と食生活を見直すことにしました。牛乳を豆乳に。ヨーグルトを豆乳グルトに。さらに豆を煮てストックし、サラダにちらして……。こうして「大豆生活」を始めると、サプリメントを飲まなくても、喉のつまりの症状は出なくなってホッとしました。

体に違和感があるとき、「できることはすべてやってみる」というのが私の解決法です。近所の医者に足を運ぶならすぐにできます。解決できないことも多いけれど、「これじゃない」と原因を塗りつぶしていくだけでも、「前に進んでいる感じ」がします。我慢して耐えるということが苦手なので、なんとかしようとする……。そうやって「できること」をひとつ見つけると、ちょっと気持ちが晴れる気がします。
周りにいる友人に、話してみるのもおすすめ。同じような悩みを抱えている人が、あちこちに見つかってびっくりします。みんな悩んでいるからこそ、あれこれ試行錯誤し、そんな情報を交換しあうのもいいもの。薬膳を学んでいる知人は、漢方薬の「芎帰調血飲第一《きゆうきちようけついんだいいち》加減《かげん》」がいいと教えてくれました。2歳年上の先輩は、産婦人科でホルモンを整える薬を出してもらったら、すぐに症状が改善されて、「もっと早くいけばよかった」と話してくれました。何より「私だけじゃない」と知ることは、とても心強いものです。

「50歳を過ぎたら、人間ドックに行った方がいいよ」と言われて、重たい腰をあげて、やっと行き始めたのも、ちょうど同じ頃でした。なんせ1回15万〜20万円近くかかります。若い頃から、体力はそんなにないものの、ほぼ健康体。大きな病気もせず、入院もしたことがなかったので、「安心」を手に入れるつもりで、予約を入れました。ところが……。1回目では、胃にポリープが見つかり除去。2回目は、大腸にポリープが見つかり、これも除去。ここで、コロナ禍となり、3年ほど間を空けて、去年久しぶりに行ったら、今度は大腸に大きめのポリープが見つかり、入院して切除手術を受けることになりました。

　健康だと思い込んでいたけれど、いろんなところに不具合が出てくる。それは自分の年齢を思い知らされる体験でした。特に去年判明した大腸ポリープは、初期の癌の疑いがあったので、ずいぶんオロオロしました。そんな時、友達がこう言ってくれました。「人間ドックで見つかったということは、初期だってことだよ。早く見つかってよかったね」。確かに、そのまま見過ごしていれば、もっと大変なことになったかもしれません。もし検査の結果が悪かったら……と思うと怖くてたまりません。でも、どんなに怖くても、見て見ぬふりをして通り過ぎないように。これが、ここ数年の人間ドックで得た教訓でした。

　テニスのレッスンに通い始めたのは、２０１９年のことです。取材でお世話になった心理カウンセラーの方に「イチダさんは、24時間３６５日、仕事のことばかり考えているでしょ？　それって危険な状態ですよ。仕事ができなくなったら、心までポキッと折れてしまうかも。もうひとつ何か夢中になれる趣味を作ったらどうですか？」とアドバイスをされたのがきっかけでした。う〜ん、何を始めよう？と考えて、思いついたのが、中学、高校、大学生までやっていたテニスです。さっそく、いくつかのスクールをピックアップし、体験レッスンに参加してみることにしました。

その時、私は無意識ながらも、若い頃と同じぐらい動けるつもりだったよう。午前中にAスクール、午後からBスクールの体験レッスンをと、1日に予約を詰め込みました。1時間半ずつなので、合計3時間。すると……。翌日から、足があがらないほどのひどい筋肉痛に。それが1か月ほども治らなかったのです。「これは筋肉痛じゃなく、足の筋でも痛めたのかも？」と心配になって、外科のお医者さんに診てもらったほど。結果は見事に筋肉痛でした。ああ、こんなに私の体は動かなくなったのね……と実感。

そんなドタバタを経て、やっとスクールを決めました。実は私が学生時代にやっていたのは軟式テニスでした。スクールでは硬式ですが、「そこそこ経験もあるし、初心者よりは上手だろう」と思っていたのに、まったく打ち方が違うので、全然うまくいきません。それが悔しくて、悔しくて……。そこで、スクールにプラスして、プライベートレッスンにも通い始めました。こうして、自分でも思ってもいないほど、テニスに「ハマって」しまったのでした。コーチに教えてもらって、頭では理解しても、体がその通りには動きません。その日はうまくなった気がしても、1週間後にもう一度やると、まったくできなかったりします。それが悔しいやら、楽しいやら。大人になって、「できない」を「できる」にひっくり返す体験は、なかなかできないものです。コツコツ練習して、少しずつ上手になる……。そのプロセスを味わっている最中です。

マンツーマンで1時間コートを走り回ると、冬でも汗だくでへとへとになります。最初の頃は、終わり近くなると足がふらついてきたけれど、最近ではやっと体力がつき、へっちゃらになってきました。60歳近くなっても、体って進化するものなんだ！と思うとちょっと嬉しくなってきます。

自分の体なのに「今の状態」を正しく知るのは、なかなか難しいものです。若い頃は体調なんて気にしなくても、頑張りがきくし、寝れば疲れがとれるし、具合が悪くなることもめったにありませんでした。でも、歳をとれば、不調が出てきたり、悪いところが見つかったり……。それは自然の営みの一部なのに、なかなか受け止めることができず、「あ～あ」とため息がつきたくなります。

でも、その度に思い知るのは、「なんでもない毎日」がどれほど幸せだったかということ。更年期の始まりから、大腸の手術まで。50歳からの10年間は、その節目節目で、強制的に体と向き合わざるを得ませんでした。その都度オロオロしたり、心配でたまらなくなったりしたけれど、その分私は謙虚になれたかもと感じています。若い頃は、「頑張ればなんでもできる」と思っていたけれど、歳をとるほどに弱さや限界を発見します。でも、「ままならぬこと」があるからこそ、「今日できること」が一層ありがたく感じられます。私たちは若さや元気を手放すのと引き換えに、感謝の心を手に入れているのかもしれないなあと思います。

体の不調を感じたら、できることはすべてやってみる。ひとつずつ原因をつぶしていって、「できること」を見つければ、心が少し落ち着く

人間関係の
「こわい」をおさらい

人生後半の友達の輪

　私って、友達少ないんだよなあ、と思うこのごろです。取材で多くの人と出会い、話を聞いてはいるものの、プライベートでお茶を飲んだり、ごはんを食べに行ったりする「友人」という存在はごくわずか。休みの日に誰かと遠出したり、ましてや旅行に一緒に行ったりはほとんどありません。買い物や美術館、映画にはひとりで行くし、旅は夫と。もし夫がいなくなったら、私はとんでもなく孤独な人になっちゃうんじゃなかろうかとちょっと不安になってきました。

　ちょうどそんな時、勝間和代さんのサポートメールにハッとしました。毎日届くこのメール、1週間1テーマで、この週のお題が「人的資産の積み上げ方」というものでした。勝間さんは、迷った時には、常に人のつながりを広げる方向でものごとを考えることを、習慣づけているそうです。それについて、こんな例をあげていらっしゃいました。「例えば、ちょっとした誘いを受けたり、どこかに行かないかと言われることがありますが、その時に一番最初に出てきてしまうのは、どうしても面倒くさいとか行きたくないといったような安全地帯になるべく自分を置こうとする躊躇です。しかし、そういう時こそチャンスだと思ってさっさと手を上げていくような約束をして行くのです」。

このメールを読んだときに「ああ、今までの私は人的資産を積み上げる努力をしてこなかったなあ」と改めて考えました。知り合いの作家さんの個展や、展示会などのDMが山ほど届くけれど、実際に足を運ぶのは数件だし、仕事で知り合った人たちと「今度ぜひごはんでも行きましょう！」と手を振って別れた後に、自ら声をかけることもなし！　私にとって大事なのは、取材のための体力を温存し、クリアな頭で原稿を書けるようスケジュールに適度にゆとりをもたせることでした。だから、その合間に「誰かに会いに行く」という、あってもいいけどなくてもいい予定は、なるべく入れずにきたのです。そんな「効率重視」の人間関係を続けてきて、50代後半になってふと、「あれ？」と立ち止まったというわけです。もしかして、私ってすごく寂しい人になっているのかもしれないって。

1〜2か月に一度のペースで、ライター塾という「誰かに何かを伝えるための文章講座」を開いています。2日間、朝10時から夕方5時まで、みっちり書いて、添削して、書き直して、という時間を過ごすと、参加者6名の中に不思議な連帯感が生まれ、住んでいる場所も、年齢も、仕事もバラバラなのに、終わる頃にはすっかりみんなが仲良くなる様子に、胸がいっぱいになったりします。せっかく学んだのだから、生活の中に「書く」場所があればなあと、ライター塾卒業生のために、『ライター塾サロン』というオンラインサロンもつくりました。今は40名前後のサロン生が、ワードプレスを利用して、日々の中で感じたことを自由に綴っています。互いに互いが書いたことにコメントをし、出産したばかりの20代のママに、子育てを終えたベテラン主婦の方がアドバイスをする、など暖かい交流が生まれています。私自身もクローズドのサロンだからこそ、書けることを投稿しています。

ただ、このサロン運営というものがなかなか難しい。みんな、最初の頃は張り切って投稿してくれるのですが、しばらくすると、誰もが仕事に、家事や育児に忙しく、投稿の間が空いてきます。せっかく会費を払いながらも、一度も投稿していない人もちらほら見かけます。

どうしたらいいのだろう？と悶々としながら、ある時、サロン生40名全員に「一田から愛を込めて」というタイトルでメッセージを書いてみました。よく投稿する人へも、まったく姿を見せない人にも。ひとり7〜8行と短い文章ですが、それぞれの過去の投稿を読み直したり、ライター塾の際のノートを見返したり。40名分を書くには、丸一日かかりました。私としては、気軽な思いつきで書いてみたのですが、びっくりするほどみんなが喜んでくれました。すると、サロンが突然活性化し、投稿本数が増え、まさに「動き出した」ようなのです。このことは、とても大きな発見となりました。サロンの運営方法ってなんだろう？とそのセオリーをあれこれ頭で考えるよりも、全員の顔を思い浮かべながら、メッセージを書く方が、サロンを動かす力はずっと大きかった。人が人のことを思う……。その見えない「風」のようなものは必ず伝わって、人を動かす。私に足りなかったのは、この「見えないもの」を信じる力だったんだなあと思い知りました。

「見えないもの」を優先させてみたら、人生後半に今までとはちょっと質の違う時間が始まるのかもしれない。今、そんな予感がしています。これは、私が今、ここから先の扉はひとりでは開けることができないんじゃないか?と感じているからなのかもしれません。

いいライターになって、いい仕事をして、お金を稼ぎ、いい暮らしをして、いい人生を送る。ひとりで追い求める「いい」には限界があります。それは、私の中から出てきた「いい」にすぎないから。でも、世の中にはもっともっといいものがたくさんあるはず。

若いころは、自分と同じ価値観を持つ人を探して歩いてきたけれど、最近「違い」を持っている人の話が面白いなあと感じ始めました。毎週テニスのレッスンに行くとき、FMラジオの「J-WAVE」でファッションモデルの長谷川ミラさんの番組を聴きます。彼女は大のK-POPファン。私にはまったく縁のない世界だし、そこに出てくるグループ名は皆目わからないのだけれど、「彼女のここがいいのよね~」「あの歌詞のこんなところが心に染みて」「ピンヒールであんなに踊れる筋肉がすごい!」と熱く語っている話を聞くと、「へ

〜！」とその曲を聞いてみたくなるし、家に帰り着いてから、動画を検索したりします。周りにいる30代の若いママさんたちは、家事や子育てだけでなく、自分で何かをやってみたい！と、ＳＮＳを利用してビジネスを立ち上げていまず。私の若い頃とはまったく違うプロセスで仕事をゲットしようとしている姿には、驚きの連続です。自分が歩いてきた世界で見つけた「いい」の外側には、思いもかけない「いい」が転がっているのかも……。そう思うと、「これは、ちょっと私とは違うのよね」と遠ざけないで、「なになにそれ？」と頭を突っ込み、聞いてみたいと思うのです。

若い頃、私は私の人生を歩くだけで精一杯でした。「人のこと」に手間や時間や体力を使いすぎると、自分のための熱量が、減ってしまう、と大切に温存してきた気がします。そして、隣にいる人を出し抜いて「ひとり勝ちしよう！」と、無意識に思っていたんだろうなあ。たとえば、とても素敵な人に出会ったとしたら、「いつかこの人を取材しよう！」と、誰にも教えず、ひとりで胸の宝箱の中に、その出会いをしまい込んでいたものです。でも……。今、私の周りにいる友人たちは、どんどんその出会いをシェアします。「この前こんな人に出会ったから、ぜひイチダさんにもご紹介したくて」と食事に誘ってくれたり、一緒にお茶を飲んだり。惜しげもなく人脈を、誰かに手渡す……。すると、そこから輪がさらに大きく広がって、また新しい人がやってきたりします。すると、そんな彼女たちのフットワークの軽さ、パス回しの早さを目の前で見せてもらい、「出し抜こう!」なんていう姑息な考えが、なんとも恥ずかしくなってきたのでした。

彼女たちをお手本に、私も「いいこと」「いい人」に出会ったら、すぐに「この前さあ～」とおしゃべりすることにしました。するとあの人とその人がつながって、新しいプロジェクトが始まったりします。以前なら「私のいないところで勝手に……」と心の狭いことを考えていたけれど、最近では全然へっちゃら! すると、新しく始まったプロジェクトに呼んでいただき、新たなつながりが始まったりするのです。与えるから与えられる……。そんな人間関係の基本を、60歳を前にやっと学べている気がしています。

そして、今までずっとひとりで過ごしてきた時間に隙間をちょいと空けて、これから少しずつ「友達増やそう大作戦」を繰り広げたいなあと考えています。

そのために必要なのが、勝間さんの言う「常に人のつながりを広げる方向」で考えること。ずっと自分のことを「明るく閉じている」と言い訳をしてきたけれど、「明るく開く」方向へと、歩いていきたいものです。

人が人のことを思う。その見えない「風」のようなものは必ず伝わって、人を動かす

性善説と性悪説

先日、吉祥寺の駅ビルにある八百屋さんで、知り合いのライターさんにばったりと会いました。「わあ、お久しぶり〜」と挨拶を交わし、ちょっと立ち話をして「じゃあ、また」と別れました。彼女に会う度に、ほろ苦い思いが胸に広がります。初めて出会ったのは15年ほど前。それから何度かおしゃべりする機会はあったものの、同業者という立場は微妙なものです。あの頃の私は、自分にまったく自信が持てなくて、あちこちの雑誌で活躍している彼女が羨ましかった。「彼女が取材していたあの人、私も会ってみたかったのに……」「どうして私じゃなく、彼女に仕事がいくんだろう?」複雑な思いが渦巻いて、心を開くことができませんでした。

どうして私はあんなに頑なだったんだろうと、後悔しきり。今なら、同業者だって、張り合う必要なんてないし、仕事なんて勝ち負けではないし、あけすけにおしゃべりしたって、盗まれるものなんてなんにもない、と信じられるのに……。でも一度ふたりの間に構築してしまった壁は、後から取り除くのは、なかなか難しいのです。

先日入院していた際、４人部屋でひとつ空いていた隣のベッドに、後から年配の女性が入ってきました。カーテンで仕切られただけの空間では、隣の話し声が筒抜けで聞こえてしまいます。どうやら、抗がん剤治療を受けるよう。でも、70代というその元気な女性は、ひたすら明るい！　すでに顔馴染みらしいお医者様たちとも、初めて会う看護婦さんとも楽しげにおしゃべりをして、ワハハと笑う。そんな声をカーテンの向こうに聞きながら、ムムム……と反省しました。

というのも、私は病院というものに懐疑的だったから。「お医者さんにとって私は、大勢の患者さんのひとりでしかないでしょ」「ひとりひとりに丁寧に向き合っている暇なんてないでしょ」「病気は治しても、退院した後のその人の人生まで考えないでしょ」などなど。寄り添ってくださる医師もきっといるはずなのに、ハスに構えて、「私のことなんて、心から心配してくれるはずない」と、自分の周りにバリアを張っていた気がします。そんな中で、その方のひたすら明るい笑い声を聞き、私ももっとおおらかな気持ちで向き合ってみたらよかったなあ……と思ったのでした。

人間の本性は善である。というのは孟子《もうし》の「性善説」です。逆にその本性は悪であると唱えたのは筍子《じゅんし》。私が、「所詮、みんないちばん大事なのは自分でしょ」と、人間の「善」を信じられず、「悪」の方向ばかりをフォーカスしてしまうのは、怖がりだからなのだと思います。「きっとあの人はいい人に違いない」と信じていたら、そうじゃなかった時の落胆が怖い……。だから、「もしかして悪い人なのかも」からスタートして、少しずつ確かめて、「やっぱりいい人だった！」と確信を持ちたいのかもしれません。

でも、そこに「悪」を設定して、扉を閉めてしまうことで、大事なものをたくさん失ってきたのではなかろうか？と最近感じるようになりました。あのライターの彼女だって、出会ったときに心を開いていれば、一緒にいろいろな経験を共有し、知らないことを教えてもらい、逆に私が得た何かがあるなら、手渡せたんだろうなあと思うと、ピシャッと扉を閉めてしまった自分の心の狭さが悔やまれます。

ベンチャー企業の経営者を経て、今は福岡で農園を営む中村義之さんという方がいます。かつては、（株）DeNA内でベンチャーを立ち上げ、東証マザーズに上場させたという敏腕ビジネスマンでした。なのに、会社を上場させてすぐにうつ病となり退社。病気をきっかけに、生き方、働き方を見直して、福岡に移住して小さなサイズで自分の会社を立ち上げます。苦労して黒字化させた後、今度はなんと自分の会社を人に譲って農業の道へ。ベンチャーを立ち上げ、「人生で偉大なことを成したい」と思っていた時に、会社が倒産する不安、メンバーが離散していく孤独感の中、熊野古道を歩いてみたそうです。登っては下り、下っては登り……。実際に足を動かしている道中で「もうやめた！」と高みを目指す人生と訣別することにしたのだとか。そして、メンタル疾患発症後、食生活を変えることで体調がよくなったという経験から、農業への道を選んだのだと言います。そんな中村さんがnoteで綴っている文章を夢中で読みました。その中に「恐怖」について綴られた文章があります。

「病気になりたくないのは、健康でありたいからなんだ。人が離れていくのが嫌なのは、人とのつながりを大切にしたいからなんだ。無一文になるのが怖いのは、『何かを所有しないと生きてけない』っていう幻想だった。無価値な人間になりたくないのは、価値のない人間なんていないって信じたいからだった。恐怖の裏側にある、自分が大切にしたい想いに気づけた時、とても清々しい気持ちになった」

なるほど～！　恐怖の裏には自分でも気づかない、本当の気持ちが潜んでいる……。だったら、「心を開くことができない」私の裏側に隠れているものは、いったい何なのだろう？と探してみたくなりました。

夫が仕事から帰ってきて、「もうあいつはさあ～」「ちっとも気が回らなくてさあ」と愚痴をこぼすのを聞いていて、気づいたことがあります。それが、「自分が正しくて、相手が間違えている」という構造。仕事仲間の「できていないこと」を拾い上げることで、夫は自分の「正しさ」を証明しようとしているのかも……。でも、同じ状況を、「裏側＝仕事仲間の目線」で見てみると、「やり方がわからなかった」かもしれないし、「人見知り」なのかもしれない。彼には彼の「正しさ」があるはずなのです。世の中には、今自分の目に見えている事実だけではなく、相反するもうひとつの事実がある。世界は裏と表のふたつの面から成り立っている。そう意識するだけで、現実というものがずいぶん変わってくるんじゃなかろうかと、夫の話に耳を傾けながら考えました。

私が、同業者の彼女に心を開くことができなかったのは、「負けたくなかった」からです。お医者様を信じられなかったのは、「親身になってもらえなかったらどうしよう？」と怖かったから。裏側にあるものの存在に気づくことができたなら、「勝ち負けじゃないじゃん」「張り合うより、仲良くした方がきっと楽しい」とか、「受け止めてもらえるかどうかは、相談してみないとわからないじゃん」「こちらから求めないと、相手も何が欲しいかわからないはず」と、自分のノートの中には記されていなかった、「もうひとつ」の答えを導き出せるような気がします。

そして、ノートの次のページに書いてある「もうひとつの答え」に気づくために必要なことが、「まずは私から信じてみる」というベクトルなんじゃないかなあ。私は年上の先輩たちと接するのが苦手です。お話を聞いてみたいけれど、こちらから誘うなんておこがましい……と思ってしまいます。でも、私自身が年下の友人、知人に「イチダさん、今日吉祥寺にいくから、お茶しません？」と誘ってもらうととても嬉しい。だったら、自分から、思い切って声をかけてもいいのかも。憧れの先輩でも、同業者でも、お医者様でも、「こちらから」先に心を開くことで、相手もきっと扉を開けてくれる……。

もしかしたら、ダマされることがあるかもしれないし、裏切られたり、冷たくあしらわれて、傷つくことがあるかもしれないけれど、人生後半の人付き合いは「性善説」でいってみよう。最近そう考え始めました。私が会う人は、きっとみ〜んないい人。あっけらかんとそう信じることで、いちばん変わるのはきっと自分自身のような予感がしています。相手を信じることで、聞こえてくる言葉が違ってくるだろうし、見えるものの幅が変わるだろうし、その言葉や姿を心にシンクロさせて、今までにない自分のパーツのエンジンをかけることができる……。「み〜んないい人！」と空を見上げて笑うだけで、プラスの連鎖が起こるかも、とちょっとワクワクしています。

「私のことなんて、親身に考えてくれるはずない」と猜疑心を抱くより、会う人は、「きっとみ～んないい人」と、あっけらかんと信じてみる。それで、いちばん変わるのは、自分自身の心

「いい」と「悪い」の境目

札幌で開催された『大人になったら、着たい服』のイベントが終わり、4泊5日の滞在を終えて帰宅しました。やっと日常に戻りほっとしていた朝、出店者のひとり、島根県松江市でセレクトショップ「ダジャ」を営む板倉直子さんがインスタグラムで、「札幌振り返り」という投稿をしているのを見つけました。帰りの飛行機に乗る前に訪れたというのは、北大の札幌農学校第2農場。新緑の木々の中に、赤い屋根の木造のいい感じの建物が並び、かわいらしいこと！「え〜！　こんな場所あったの！」「私も行きたかったなあ〜」と思わず声が出ました。イベントに来てくれた知人に教えてもらったのだそうです。あれ？あの人なら私もお会いしたんだけどなあ〜。

そういえば、今までもこんなことあったなあと思い出しました。板倉さんのお店では、時折イベントを開催しています。ミュージシャンと、花の仕事をしている人を招いて小さなコンサートを企画したり、店内に、チーズケーキと紅茶のペアリングを楽しむケーキ屋さんをオープンさせたり。どの人も、私も知っている人たちなのに、板倉さんの目ですくいあげられると、とたんにその魅力がキラキラと輝き出すよう。きっと彼女は、その人の「いいところ」にまっすぐに光を当てるのが上手なのだと思います。

私は、どうして、あの人の素晴らしさに気づけなかったのだろう？　そう考えた時、「いつも私は、私でありすぎるんだよなあ」と思い至りました。あの人が「いい」と思うものは、本当に「いい」のだろうか？とまず「疑う」ことから始めてしまうのです。それは、きっと間違えるのが怖いから。「いい人だなあ」と思っていたのに、後から嫌なところが見えてきたり、自分との違いが明確になったりして落胆するのが怖い……。

今までコツコツといいものを見たり、聞いたりして、自分だけの価値観を苦労して築き上げてきました。何をやっても自信がなかった若い頃から、少しずつ経験を積み重ね、やっと「これがいいんじゃない？」と、自分なりの考えやアプローチをグイッと人前に推すことができるようになってきました。だからこそ、やっと手にいれた「私」と違うことを言う人が出てくるのが怖い……。

でも一方で「自分軸があること」と「独りよがり」は紙一重だということも知っています。もっと自分を手放して、素直になって、どんな人にも、どんなことにも「あらあ、いいわね～」と言える、かわいいおばあちゃんになりたい。だったらどうしたらいい？

そんな時、店頭に立つ板倉さんの笑顔が浮かんできました。お店でお客様を迎えるとき、ドアの前で「この人はいい人だからどうぞ」「この人は、ちょっと難しそうだからご遠慮ください」と区別することはできません。訪ねてきてくれたなら、どんな人も受け入れなくてはいけない。そうか！　あんなふうにまずは、「入り口」を広く開けておけばいいのかも。

扉を開けておくことは、相手に対して「私はあなたのことを受け入れますよ」というサインになります。誰でも「これいいでしょ？」と手の中のものを差し出した時、「ふ～ん」と気のない返事をされたら、それ以上、その人の中へは踏み込まないもの。でも「うわ～、ほんとだね～」と笑顔を返されたら、「ね、そうでしょ、そうでしょ！」と言いたくなる。そうやって、人と人は心を開き合い、より奥にある大切なものを交換しあうことができるんじゃないかな。

私にとって「いい」かどうかの判断は、もっと後でもいいのかも。というよりも、世の中のものはすべて「いい」「悪い」に分類されるわけではないのかも。そう考えると、ぐんと気が楽になりました。「私が私であること」を手放したら、まったく踏み込んだことのない世界の住人とも、何かを交換しあえるようになるかも。そういえば、推し活に夢中になっている後輩の話は、なんだか面白かったなあ〜。興味がなかった漫画だけれど、勧められて『宇宙兄弟』（講談社）を読んでみたら、すっかり夢中になったんだったなあ。これからの暮らしで、大切にしたいのは、「いい」「悪い」をジャッジすることではなく、隣にいる人と心を通わすひとときなのだと、やっと答えが見えてきた気がします。

初めての人と出会った時、まずは相手の話に耳を傾けてみる。大事なのは、「いい」「悪い」をジャッジすることではなく、心を通わすひとときを見つけること。

「私のことわかって」は卒業しよう

毎朝パソコンの前に座ると、ヤフーニュースをざっとチェックします。先日面白そうな見出しを見つけてさっそくクリック。記事を読んでみました。それが「石井亮次アナが売れっ子の理由」というものでした。だれだっけ、その人？と思って検索してみると、お昼のワイドショー『ゴゴスマ』の司会などを務めるフリーアナウンサー。ああ、この人知ってる、知ってる！と思いながら読み進めました。今、あちこちの番組からオファーが殺到し、超人気なのだとか。そして、その理由が、「存在感が薄めだから」というのです。自説を主張するわけでもなく、ゲストやコメンテーターの聞き役に徹している姿が、好感度高しと評価されているそう。ひと昔前の、久米宏さんや、みのもんたさんのように、個性を全面に出すのとは真逆。「控えめなアナウンサーたちが人気なのである」と、取材記者が分析していました。

この記事を読んだとき、「ああ、やっぱりそうなんだよなあ」と、最近うっすらと感じ始めていたことを、別の角度から指摘されたような気分になりました。誰もが若い頃は「私はこんなこと見つけたんだよ！　すごいでしょ！」と、自分がここにいることを見つけてもらうためにドタバタします。

でも、ある程度の経験を積み、人生の後半に差し掛かったら、「褒められて自己確認する」のとは別のステージへ移る時期がやってくるんじゃないかと思うのです。私はずっと、「〇〇さんより優れている私」「誰よりもうまくやる私」を目指して頑張ってきた気がします。でも、それが認められなかったら、がっかりするし、不必要に落ち込むし、もやもやし続けます。さらに、「こんなに頑張っているのに、褒められなかったらどうしよう」と恐れ、自分ではコントロールできない「褒められセンサー」の反応に、一喜一憂する……。そんな不安定さから、なんとか抜け出したいと思っていました。

『キッチンで読むビジネスのはなし』（KADOKAWA）という本を出したとき、さまざまな分野で活躍されている社長たちに「ビジネスのことを何も知らない私に、ビジネスの話を聞かせてください」とお願いしました。そうして少しずつわかってきたのは、思いもかけないビジネスの本質でした。

『北欧、暮らしの道具店』店長の佐藤友子さんは「『私のことをわかってもらおう』と思って仕事をしているのではなく、『お客様の必要をわかりたい』と思って仕事をしているんです」と語ってくれました。「ギャラリーフェブ」の引田ターセンさんは「営業とは、相手のことをとことん考えること」と教えてくれました。「提案書を作って、御社はここがダメだということを指摘する。ここがダメというのは、相手が一番困っていることでもあります。そこを直し、新しいことをするためには、こういう考えが必要。その考えをまとめることが営業なんです。会った瞬間から、相手のことばかり考えるんです」（『キッチンで読むビジネスのはなし』）と。

そっか、そうやって、隣にいる人のことを考えて、自分ができることを見つけてパスすると、「競争」ではなく「互いにハッピー」という波動のようなものが広がっていくのかも。そして、その「ハッピーの波」は、回り回ってまた自分に返ってくる。これが「もうひとつ別のステージ」なのかもしれない……。

「私のことをわかって！」というのは、「待ち」の姿勢です。だからこそ、待つ時間が怖いし、褒め言葉が降ってこなかったら、悲しくなる。だったら、待っていないで、自分ができることを見つけて動き出せばいい。今できることを、誰かのために今すぐ始める方が、ずっとすっきり晴れやかな気持ちになれそうです。幼い頃から幾度となく耳にしてきた「誰かのために行動できる子になりなさい」という言葉が、やっと実をもって心に響いてきた気がします。人生後半は、次第に「私」を手放して、誰かのために動けるように。そして、隣にいる人と一緒にハッピーになれればいいなあと思います。

人生の後半に差し掛かったら、「褒められて自己確認する」とは別のステージへ。「私のことをわかって！」と待っていないで、誰かのために今できることを見つけて動き出せば、ハッピーの連鎖が始まる

人に弱みを開示するということ

その日、出先から戻ると喉が痛くて、「あれ？　風邪ひいちゃったかな？」と思いました。葛根湯を飲み早めに就寝。翌日は取材が入っていたので、そのまま出かけました。その夜、熱を計ると37度でした。この時点で、まだ私は風邪だろうと思っていたのです。翌朝、「もしかしてコロナ？」という思いが頭をかすめ、念の為家にあった抗原検査キットで調べてみたら、陰性でホッ。ただ、夫も同じような症状が出て、「こんなにすぐに風邪が感染《うつ》るかな？」と首を傾げたのを覚えています。

体の不安があると、なるべく早くお医者様に見ていただくのは、フリーランスとして働く者の基本スキルかもしれません。この時も、さっそく近所のコロナ対応の病院を探し、電話をかけました。「今は熱がないんですが、昨夜37度だったんです。その場合でも発熱外来に行った方がいいですか？」って。すぐに予約時間を決めて発熱外来へ。1日遅れて症状が出た夫は、週末だったこともあって街中のPCR検査場へ。先に「陽性」という結果が届いたのは夫でした。「え〜！」とびっくり！　それって私も陽性ってことじゃん！　案の定、病院から電話があり、陽性と告げられました。

さあ、そこからが大変！『暮らしのおへそ』の取材時期だったので、取材依頼も手配もすべて終わっており、出張の予定もあり、それらをすべて、スタッフに代わってもらいました。急な予定変更に、小さな子供がいるにもかかわらず、「わかりました！　私が行ってきます！」と言ってくれた仲間には感謝しかありません。幸い症状は軽く、熱もなくて、ただ喉が痛く体がだるい程度。買い物には出られないので初めてネットスーパーを利用しました。

どうしようかな……と思ったのが、毎日のブログの更新でした。『外の音、内の香』の中で、私は「日々のこと」というコンテンツを更新しています。もちろん、コロナのことは伏せて書くことはできたと思います。でも、初めてのコロナ体験の真っ只中にいて、「それ以外」のことを綴るのはしんどい、と考えました。正直なところ、「私、コロナになりまして」と、公共のブログで公表することは、ちょっと勇気もいりました。なんだか悪いことをしているような気持ちになるのはどうしてなのかな？

でも……。公表してみて、本当によかったなあと思っています。その日のウェブサイトへのアクセス数は、普段の倍に跳ね上がりました。まずは、いろんな人から「大丈夫ですか？」「お大事に」とメッセージがたくさん届きました。体も心も弱っているときには、誰かが自分のことを気にかけてくれる、というだけで、こんなに嬉しいものなのだということを、ひしひしと感じました。

さらに、我が家の庭に置いてある自転車のかごには、近所の友人知人たちから、果物やら、小さなブーケやら、すぐに飲めるスープやらが次々と届きました。「買い物に行けないだろうから」と、宅配便でおいしいものも、あちこちから送っていただきました。

私は、関西弁でいう「ええかっこしい」なので、常に「ちゃんとしていなくちゃ」「人から尊敬される人にならなくちゃ」という思いがあります。だから、自分の弱さを見せることが苦手……。普段から、どんなに仕事でアップアップしていても「できないから、手伝って～」と助けを求めることができません。「頑張ればできるはず」とすべてを自分で背負い、その結果、ギリギリの状態になって、「も～、どうしてこんなに大変なのに誰も気づいてくれないのよ～！」と腹を立てる。つまり、全部が自己完結で、外との交流がないのです。

今回「実はコロナに……」と言ってみて、みんなに心配してもらって、初めて人との心の交換って、こうやって起こるんだ、と実感できた気がします。つまり、まずは自分が弱っていることを話さないと、誰にも優しい言葉をかけてもらえない、ってこと。弱さを開示するからこそ、「大丈夫？」と言ってもらえるということ。そっか、「ダメだ～」「できない～」って言えばよかったんだ。そうしたら、みんなに優しくしてもらえるんだ……。それは、自分の家の庭に、実は宝箱が埋まっていたかのような嬉しい発見でした。人と人の間に、見えない何かが通っていくしくみを、この年齢になって、ようやく理解したのでした。

そして、「完璧な私、すごいでしょ！」と「いい格好」をするよりも、「こんなこと言ったら心配をかけて悪い」と必要以上に先回りして沈黙するよりも、「まいった、まいった」と、できないこと、弱っていること、不安なことを言葉に出し、周りの人にその欠落を埋めてもらう方がずっとラクだし、心満たされるし、幸せになれる。そう感じたのでした。

もうひとつ知ったことがあります。それが、「心配してくれるだけで、すごく嬉しい」ということでした。「コロナ、陽性でした」とブログに書いた時、いろいろな人が連絡をくれました。「え〜！　大丈夫ですか？　実は私も……」とご自身の体験を知らせてくれるだけで、「ああ、私だけじゃないんだ」「別に悪いことをしているわけじゃないんだ」と気持ちが落ち着きました。

ライター塾の生徒さんたちは、小さなお見舞いを送ってくれました。北海道から「９４６」（釧路）という文字のクッキーを、名古屋からコーヒーを、大阪からはミニ羊羹《ようかん》を。その「ほんの気持ちですが」が嬉しかったなあ。「ええかっこしい」の私は、「誰かに何かをしてあげる」なら、「本当にその人が喜んでくれる、立派なもの」をお届けしなくちゃ、と思っていたけれど、「いただく身」になってみると、ライン1本、クッキーひと袋だけで嬉しい！　つまり、嬉しいのは「ものの良し悪し」ではなく、私のことを忘れず、思いやり、気にかけてくれたという事実だったのです。あの人の心の手触りが感じられることが嬉しい……。

大腸ポリープ切除で入院した翌朝、病院のベッドで目覚めたら、友人からラインが届いていました。「昨日、入院でしたよね？　いかがですか？」って。ああ、入院の日を覚えていてくれたのだなあと、温かい気持ちになりました。

誰かの力になりたい、と思ったとき、その人のことを思っているよ、と伝えるだけでいいんだ。このことは、私の人生後半の大きな発見になったなあと感じています。人は、ずっと何かを生み出し続けられるわけではありません。若い頃、バリバリと仕事をし、大きな評価を受けた人も、大抵は年齢と共に生産できるものの量が減り、社会に貢献できる頻度が少なくなってきます。そんな自分を想像しては、「私はもう必要とされていないんだ」、「終わった人」になってしまったらどうしよう、とずっと思っていました。それが、歳をとる怖さの大きな理由だった気がします。でも、「あなたのことを思っているよ」と伝えることだけなら、何歳になってもできそう。そして、たったそれだけでも、きっと誰かの力になれる。だったら、歳を重ねて下り坂になることを心配しすぎないで、もっと軽やかに、できることだけすればいいのかも。

そう考えてあたりを見渡してみると、「できること」がぐんと増えてきました。ちょっと体調が悪いと言っていたあの人に葉書を送ってみようかな？　このパン、あの人も好きそうだから送ってあげようかな？　この情報、あの人にも役立ちそうだから、知らせてあげようかな……などなど。今まで「取るに足らない」と思って却下してきたことも、あの人に「忘れてないよ」と伝えられるのかもしれない、と思えば、軽やかにさっと行動に移すことができました。そっか、今までの私に足りなかったのは、こうやって、周りにいる人に、気軽にパスを渡すことだったんだなあと思いました。

もしかしたら今までの私は「やってあげた自分」が、どう評価されるかを気にしてばかりいたのかもしれません。効果抜群な、ビッグなことをやってあげることより、ちょっと声をかけるだけでいい。そうやって、人と人との循環をよくすることが、これから私が「できること」なのかもなあ。だったら、たくさん「できること」がありそうです。これから、私は周りの人たちとの間に、どんなパイプを繋げることができるだろう？　そんなことを考えると、なんだかワクワクしてきます。

社会に貢献できる頻度が少なくなって「私はもう必要とされていないんだ」と感じても、誰かに「あなたのことを思っているよ」と伝えることはできる。人生後半のお楽しみは、周りの人たちと小さな交換をすること

「こわい」と
さよならする方法

悩みは解決しないけれど、プリンを作ってみる

『土を喰らう十二ヵ月』という映画を見に行ってきました。作家、水上勉《みずかみつとむ》さんの名著『土を喰う日々―わが精進十二ヵ月―』（新潮文庫）を原案にし、沢田研二さん演じる作家のツトムさんが信州の山奥にある古民家で暮らす、その淡々とした日々を描いた映画です。時折、松たか子さん演じる恋人でもある担当編集者の真知子さんが、車を飛ばして会いにきます。するとツトムさんは、畑で採った野菜を台所へと運び、料理をいそいそと作るのです。料理家、土井善晴さんが手掛けられたというおかずのおいしそうなこと！　掘ったばかりの筍を出汁で炊き、ハフハフと食べたり、庭の雪の中で保存していた子芋の泥を洗って、アチチと言いながら、網焼きにしたり、もぎ立てのきゅうりに自家製味噌をつけて齧ったり。

てっきり真知子さんと一緒に暮らすようになる、というストーリーかと思いきや……。心筋梗塞で倒れ、3日間意識を失って入院したのを機に、ツトムさんは、人間はどうして死ぬのが怖いのかをひとりで考えたい、と思うようになります。月明かりの下で原稿用紙を前に、孤独の中で万年筆を動かし続ける。そこで語られる言葉に胸を突かれました。「明日も、明後日も、と思うから、生きるのが面倒になる。今日一日暮らせれば、それでいい」。

これから先、仕事がなくなったらどうしよう？　老後にお金に困ったらどうしよう？　病気で苦しむのは嫌だなあ。老いた両親の世話をどうしよう？　私は、もう何年間もずっとぐるぐると同じことばかり考え続けてきたような気がします。その中で聞いた「今日一日」という言葉が優しく心に響き、ほっと安心してしまいました。永遠に解決しないかもしれない問題を、ツトムさんの言葉が、「もう考えなくてもいいよ」と軽やかに吹き飛ばしてくれたよう。考えても答えが見つからない問題の答えは、考え続けたって仕方がない、その代わりに、今日食べるおいしいもののことを考えたらいい。

この「今日一日」という言葉は、映画館を出て家に帰ってからも、じわじわと効いてきました。朝起きたら「さて、今日1日のお楽しみは、何にしようかな？」と考えてみます。「おやつにプリンを作ろうかな」「見逃し配信で、あのドラマを見ようかな」「本を1冊持って、あのカフェに行ってみようかな」などなど。私の毎日は、これまでずっと「しなくてはいけない予定」でいっぱいいっぱいでした。そして、早く終わったらあれをしよう、これが片付いたらあそこへ行こう、やるべきことをやった後にお楽しみに手を伸ばそうと考えていたのです。でも、この順番だと、ほとんど「お楽しみの時間」はやってきません。そんな日々に、先にひとつだけ「楽しいこと」を注入してみると、1日が「自分のものになった感」が湧いてくるから不思議。

映画を見た1か月後、年末に実家へ帰りました。あれこれ母の手伝いをした翌朝。起きると母が「目眩がする」と言います。吐き気もあるらしく、つらそうなので、すぐに救急病院に連れていきました。年末で医師の数が少なく、混み合って、待ち時間の長いこと。その間、母を支えながら、ぐるぐるといろんなことが頭の中を巡りました。「せっかくおせち料理を作るとはりきっていたのに」「このまま入院になったらどうしよう？」「父だけでは生活できないしな」

「そうなったら、私が東京と実家のある関西を行き来する生活になるのかな」。どうしようもない不安と共に、待合室で延々と待ち続けたのでした。幸い、「脳梗塞かもしれないから」と撮ったCTでは異常なく、少し気分もよくなったようで、薬をもらって実家に帰り、ほっと胸を撫で下ろしました。

人の命の危うさ、病気の怖さ、老いるということ……。自分では抱えきれない問題の重さに押しつぶされそうになりながら、実家に戻った後、そのもやもやをなんとか解決したくて、アマゾンで本を探しました。そして、キンドルで手に入れたのが、医師で、諏訪中央病院の名誉院長の鎌田實《かまたみのる》さんの『それでも、幸せになれる』（清流出版）という一冊です。これは、鎌田さんがビヨンドコロナ時代の生き方を綴ったもの。そこには、こんな風に書かれていました。

「オンコロナやウィズコロナで、とんでもない不安の中、僕たちは生き抜きました。ヒヤヒヤもイライラも十分過ぎるほど感じ続けました。これからは思い切って、おもしろく生きることが大事なのだと思います」

「どうすることもできないことに恐れをなして、足をすくませていてはいけないのです。毅然と立って、なにがあってもへいっちゃら、なるようにしかならないと、僕は考えるようになりました」

具合の悪い母の様子を目の当たりにした後だからこそ、そのひと言ひと言が胸に沁みました。鎌田さんが、「恐れすぎなくていい」と語りかけてくださっている気がしました。誰もが怖いし、不安だし、苦しい。でも、それを私たち人間は、「へいっちゃら」だと乗り越えることだってできる……。

お正月明け、東京に戻り、いつものように書斎のパソコンに向かうと、ウェブマガジンの中に、料理人の野村友里さんと、歌手のUAさんとの往復書簡を見つけました。その中で友里さんは、老いていくご両親についてこんな風に綴られていました。「最近の最大のしみじみは冬を感じている両親が近くにいることかもしれない。その姿、在り方、考え方の変化が今何よりも大事なことを教わっている感がビシビシと自分自身に伝わってきている」「誰もが年をとる。そして体は弱る。（中略）それをつぶさに感じていられる私はとても幸運なことだと、なるべく積極的に心情を察しようとしている」。

両親の老いに心を痛め、「あと残り時間はどれぐらい」と恐れていた私は、友里さんのこの明るい向き合い方に、呆気に取られてしまいました。そっか。

死に向かう両親の姿は、私に何かを教えてくれているのか……。老いや死は、人間の「生」を全うするというプロセスの一部であり、何も悲しいことじゃないのかも。そう考えると、心がふっと軽くなるようでした。

生きるってなあに？　やりがいってなに？　自分らしさってなんだろう？　人生の中の大きな問いに対し「真実」が知りたい、と思ってきました。不安や悩みは、「ほんとうのこと」にたどり着くための力になる。そう信じて、「わからない」と落ち込むたびに、「こっちかな？」「それともあっちかな？」と、答えがある方向を探し、道を掘って歩いてきた気がします。それは、ずいぶんしんどいことではあったけれど、同時に「あっ、そうか！」と何かを見つけた喜びを味わうことができる、なくてはならないプロセスだとも思っています。そして、そのプロセスを私は書いていきたいと思っていました。

でも、ある時からどんなに探しても、考えても、答えが見つからないようになってきました。歳をとったら老いるということ。誰もが病気にかかるかもしれないこと。いつかは、仕事の第一線で働けなくなること。そんな「ままならないこと」には、答えがない……。

そんなもやもやとした沼の中から、真実を見つけてジャンプしたかった。今までよりもっといい方法を手にしよう、というのは「上へ」のジャンプ。さらに違うバリエーションを試してみよう、というのは「横へ」のジャンプ。でも、「上下」や「左右」の選択肢だけでは、答えが見つからなくなったのです。

途方に暮れていた時に、今まで足を踏み入れたことがない場所で、小さなサインを見かけるようになってきました。これまでの思考回路を一旦全部はずし、思いもしなかった方向へ「斜めのジャンプ」をしてみたら、何かが見つかりそう。それは、たとえば、「1日にひとつだけ楽しいことをする」ということ。悩みや不安は、まったく解決していないけれど、今日プリンを作ったらちょっと楽しい。そう気づくって、なかなかすごいことなんじゃないかと思うのです。

「斜めのジャンプ」のいいところは、現実は何も変わっていないのに、気持ちがぐんとラクになることです。今、悩んでいること、どうしたらいいか皆目わからないこと、不安なことは、もしかしたら、どんなに考えても、正解なんて見つからないのかもしれません。だったら、答え探しに躍起になることはやめて、ちょっとずらしたり、外したり、後回しにしたり、見ないふりをしたり。

そうやって考える「次元」を変えてみると、案外すとんと心が落ち着くような気がします。それは、「今の視点」を手放して、自分自身を解き放ち、自由に飛び立つことなのかもしれないなあと思います。

どんなに探しても考えても答えが見つからなかったら、答え探しをやめてみる

人生を楽しむには、リブートが必要だ！

最近、新しいメガネを買いました。きっかけは、眼鏡スタイリストの藤裕美《とうひろみ》さんと出会ったから。「tö」というご自身のメガネショップを営まれています。世界各国から仕入れたメガネフレームは、シンプルなものから、びっくりするほど派手なもの、スタイリッシュなものなど実に多彩。知り合いたちが、次々と藤さんに見立ててもらったメガネで、かっこよく変身する姿を見てきました。

でも、実は少し前まで、「私は、いいかな」と思っていたのです。というのも、普段外出する際には、基本的にはコンタクトで、自宅にいるときだけメガネをかけるので、街中の格安メガネ店で買ったもので十分だと考えていたから。

藤さんが本当に提案したいのは「自分にあったメガネを選んで健康になること」なのだそう。「ちゃんと見えていると思っているのに見えていない人がほとんど。見えていないということは、目に負担をかけているということ。眼精疲労は、肩こりやいろいろな体の不具合を引き起こすんです」と聞いて驚きました。私は、自宅ではパソコンに向かって原稿を書いている時間が長いので、そんな毎日がメガネによって変わるとしたら……。そう考えると、まだ知らぬ世界を見てみたくてたまらなくなりました。ただし、厳選されたメガネは、フレームもレンズもそれなりのお値段。エイッと決意してショップに出かけました。

予約制の店内では、藤さんとスタッフの方が待っていてくれました。さっそく検眼を開始。その丁寧なこと！　さらに、普段の過ごし方、今のメガネやコンタクトの状況もヒアリングを。こうして、提案してくれたのは、中近両用のレンズでした。検眼が終わったら、フレーム選び。迷いに迷って決めました。

お店を出て駅までの道、なんだかワクワクしてきました。そして「ああ、この感じ、忘れていたよなあ」と思ったのです。私にとって「ものを買う」ということはそれを所有したときに見える風景を見てみたい、という好奇心でした。

時を同じくして、ファッションスタイリストの地曳《じびき》いく子さんの『60歳は人生の衣替え』（集英社）という本を読みました。還暦を過ぎた地曳さんが、ご自身をアップデートするために、「人生の衣替え」をする方法を、心の持ち方から実際のファッションテクまで、惜しげなく披露くださっています。「同じアイテムを買い直すだけで『今』になる」とか「おしゃれな人をまねしたいなら、その人と同じものを身につけるのではなく、その人の雰囲気や着こなし、バランスのテクニックをまねしましょう」など、どれも「そうか〜！」と膝を打つことばかり。地曳さんのエッセイのおもしろさは、「おしゃれ」を、時代性の中で語られていることだなあと感じます。

その中のひと言、「おしゃれスリープモードに入ったままの人はリブート（再起動）が必要」に刺激され、エンジンがブルルンとかかりました。

歳をとることの怖さのひとつが、「終わった人」になること。若い子の間で流行っているものを「へ〜」と眺めるだけで、心がちっとも動かなくなったり、新しいものを取り入れる気力がなくなって、ずっと昔のまんま。人生後半にさしかかり、暮らしをひとまわり小さくしたい、とは考えるけれど、やっぱり「今の風」を取り入れて、自分を更新し続けたいなあと思います。

さっそく本の中で紹介されていた「ユニクロ×マメ クロゴウチ」のコラボ

シリーズのブラトップを買いに行ってみました。1枚2290円！ これだけでウキウキ！ 実は実際に着てみると、いまいち体に合わなくて、結局着なくなってしまったのですが、久しぶりに「ユニクロ」の店内をうろうろし、「あら、このワンピース素敵じゃん！」と、店内の空気を吸っただけで、自分の中の澱んでいた空気が動き出したような気がしました。

格安メガネで十分だと思っていました。服はずっと同じでいい、とおしゃれの安定期に入ったつもりでいました。でも、誰かの言葉によって、自分が「動く」って大事！ ゴールテープを切ったつもりでも、その先にまたスタートラインが見えてくる。この繰り返しは、実は不毛でもなんでもなく、人生のお楽しみは、決して枯渇しない、ということなんだなあと思います。

「終わった人」にならないためには「もう持ってる」「もう知ってる」は禁句

捨てる技術

今、雑誌『暮らしのおへそ』の別冊を作っています。いろいろな人の暮らしの習慣をその人の「おへそ」と呼び、「習慣」からその人の生き方、暮らし方を紹介する。そんなムックを立ち上げたのは、2005年のこと。1年に2冊ずつのゆっくりペースで続けてきて、現在で36号目になります。そんな36冊の中から、特に印象深かった習慣をピックアップし、1冊にまとめることになりました。たとえば、創刊号で紹介した料理家の有元くるみさんの習慣は、朝起きたらまずサーフボードを持って海へ行く、というもの。それは「習慣」のひとつに過ぎないけれど、仕事でも、家事でもなく、1日を、いちばんやりたいことから始めるという、その人の人生の姿勢でもありました。

この別冊は、過去の「おへそ」=習慣を紹介しながら、それに続けて私のエッセイを掲載する、という構成です。今までにない、雑誌とエッセイをドッキングしたような形なので、どんな文章にするか、試行錯誤していました。4本ほど書き上げたところで、編集担当に読んでもらいました。「う〜ん」と彼女。書籍という形で出版するので、『暮らしのおへそ』というムックや、一田憲子という名前を知らない人にも読んでもらいたい。だとすれば、もう少しわかりやすく説明をプラスして欲しいとのこと。

すでにその先の原稿も進めていて、「えっ？ 今頃？」とムッとしてしまいました。誰でも、時間をかけ、考えて、やっと出来上がったものにダメ出しをされると、いい気持ちはしないものです。すぐに、その日の夕方、電話で原稿について彼女とじっくり話をしました。その結果、私はいいエッセイを書くことに囚われ過ぎていて、より広く、より多くの人に届ける、という視点に欠けていたんだなあと気付かせてもらいました。「よし、わかった」と原稿の手直しをすることに。そして、否定されるとすぐにムッとした自分を反省……。

17ページでご紹介した歴史のデータベースを作っている（株）コテンで、プロダクトマネージャーを務める草野陽夏《くさのひなつ》さんが、『コテンラジオ』に出演し、普段、どうやって仕事を進めているかを話していました。チームに分かれてそれぞれのミッションをこなし、2週間に一度ミーティングで現状を報告。「もしかして違うかも？」と方向性に疑問を持ったら、それまで作り上げたものを、一旦ゼロに戻し、もう一度初めから作り直すのだとか。その身軽さ、自由度、スピードこそ、スタートアップ企業の武器なのだと言います。ラジオのパーソナリティを務める樋口聖典《ひぐちきよのり》さんは、ミュージシャンで、音楽を作るときにも、どんなに時間と手間をかけて曲を完成させても「違う」と思ったら、それを泣きながら捨てることが必要だったと、体験を語っていました。

そっか、大事なものを見つけるには「捨てる」というプロセスが必要なんだ。私は、たった4本の原稿の書き直しさえ「したくない」と思ったのに……。もちろん、頭ではトライ&エラーが必要なことも、失敗するからこそ新たなものが生まれることも理解しているのです。でも、思いを尽くして時間をかけたからこそ、なんとかそれを生かしたいと思う……。費やした時間を無駄にはしたくないと思ってしまいます。さらには、かけた時間や力に見合った成果を手にしたい。そのために、準備をし、計画を立て、効率よくものごとをすすめたい、と考えてしまうのです。

知りあいが、会社でキャリアコンサルタントによる研修を受けたことを話してくれました。自分の仕事を見直すワークでは、①今まで自分が得てきたもの、②今の現状、③未来にできること、の3つを考えるそうです。さらに、②の現状と③の未来の中で「できること」と「できないこと」に分け、「できないこと」は捨てて、「できること」をどうしたら伸ばせるか、と進めていったのだとか。おお、ここでも「捨てる」作業が行なわれていた！「手放す」という作業は、その後に残る「できること」とよりクリアに向き合うためなんだなあと考えさせられました。

クリエイターを作るクリエイターという意味で、クリエイターをクリエイトするクリエイターという肩書きで活動する中村俊介さんが開発し、世界中でバズっている「KAGURA」というアプリがあります。これは、体を動かすだけで楽器が演奏できるという、今までとは全く違う新しい楽器アプリ。中村さん自身がギターを弾きたいけれど、練習はしたくない、と思ったそう。その本音を隠すことなく、逆に「みんなもそうだよね？」と堂々と公開して、練習をしなくても、「楽器を弾いている感じ」を味わってもらいたかったのだとか。

最近この「○○しなくても○○できる」というキーワードをいろいろな場所で耳にするなあと感じています。料理家、有元葉子さんの話題になった著書は『レシピを見ないで作れるようになりましょう。』（SBクリエイティブ）でした。片づけのプロが提案するのは、「細々片づけなくてもすっきり暮らす方法」だったりします。

楽器を弾くために練習は必要ない。レシピがなくたって料理は作れる。気持ちよく暮らすために、いつも片付ける必要はない。○○するために○○する、という今まで当たり前にあった方程式を覆すって、面白いなあ〜。当たり前に「これをしないと、欲しいものは手に入らない」と思い込んでいたプロセスを、「本当にそう？」と疑ってみることで、今までとはまったく違うアプローチで、欲しいものに手を伸ばすことができます。

楽器を弾く技術がなくても、楽器を弾く快感は味わえる。中村さんのこの発想のすごいこと！　練習することの面倒くささ、つらさを、「乗り越えるべきこと」ではなく、「もうしたくない！」と正直に言ってみる。努力しなくても、最後のお楽しみのところだけ手にしたっていい。それは、欲しいものを手に入れるプロセスの革命だなあと思います。

「捨てる」という作業は、強制終了ということでもあります。つまり「前提」をなくす、ということです。私たちは、少しずつ経験と思考を積み重ねて生きていくけれど、時にその蓄積が新しい、自由な発想の邪魔をすることがあります。自分の中にいる新しい自分と出会う、ということが「捨てる」ということには含まれているんだなあとわかってきました。

写真家の中川正子さんが、今年の目標として「毎日ひとつ、こわいことをする」とSNSに上げていました。彼女の「こわいこと」の定義は、「未知なるもの」「うまくいくかわからないこと」「これまでの経験をもとに、鼻歌まじりになんか決してできないこと」らしい。「無力な立場とか、圧倒的にビリとか、そういう立場に身を置くことが少なくなってきたから」とも。そっか、何かを捨てるってことは、無力になって、途方に暮れ、「怖がる」ってことなんだ。私はずっと、それを避けたかったんだけどなあ。

そんな中川さんの姿勢に、あれ？「怖いこと」や「イヤなこと」って、もしかしていいこと？と思ったのです。「原稿を書き直すこと」をはじめ、せっかく完成した成果を手放すことがイヤなのは当たり前。イヤだからこそ、その摩擦の中から、新しい視点が立ち上がるのかも。

「は〜っ」とため息をつきながら、振り出しに戻り、失うものにクラクラする……。そのクラクラの中でしか見えないものがある。そう考えると、振り出しから見える風景をちょっと見てみたくなってきました。

あのムッとした原稿の手直しを始めました。すると、「ここだけ直せばいい」と思っていたのに、「あれ、ここはもっとこんな風に書いた方がわかりやすいな」とか「この話をプラスすれば、もっと伝わりやすいかも？」と気がつき、大幅に書き直すことになっていました。でも、それが全然イヤではなく、むしろ、歩いて行く先に、次々に灯りが灯って、新たな道が浮かび上がってくるよう。ああ、私がムッとした中身は、この手間と時間をかけたくないってことだったんだなあと、自分の本音がやっとわかった気がしました。急がず、ゆっくり構えてしまえば、本当は、その寄り道、回り道こそ味わい深いもの……。

ガラガラガッシャ〜ンとこれまで手にしたものをひっくり返し、壊すことは、大層非効率です。でも、スムーズにスピーディーにいくことが目的ではない。ともすれば、より速く、より遠くと走り続けたくなる日常の中で、「うまくいかないこと」が、本当に大切なものを思い出すためのスイッチになってくれそうです。

うまくいかないなと思ったら、今までのやり方を思い切って捨ててみる

「わからない」の力

1年に数回百貨店で、私が手がけている雑誌『暮らしのおへそ』や『大人になったら、着たい服』のイベントを開催しています。百貨店のバイヤーさんに、「やってみませんか?」と声をかけていただいた時には「そんな大きな施設では、雑誌で紹介している小さな世界観とはあまりに違うから無理無理!」と思ったのでした。でも、試しに出店しないか声をかけてみると「やってみたい」と手をあげてくださる方が多くて逆にびっくり。バイヤーと店主を引き合わせたり、会場構成を考えたり、わからないことだらけの中で初日を迎え、お客様が売り場に走ってきてくださる姿を見たときには、嬉しかったなあ。あれから十数年。今ではすっかり慣れ、毎回参加してくれるメンバーとは、同窓会気分で再会を喜び合うようにもなりました。でも、回を重ねるごとに、イベントの鮮度は落ちていきます。今度は「続ける」ことの難しさを感じるようになりました。

人生の後半になると「初めて」という体験が減ってきます。若い頃は、何をするにも経験がなく、不安でたまりませんでした。早く経験値をあげ、実力を蓄え、落ち着いた大人になりたい、と思ったものです。でも、今この年齢になって、あの頃のハラハラしっぱなしだった自分がなんとも愛おしい。そして、「前が見通せない」という状況こそ、いちばんワクワクして、魂が成長する時期だったなあ、と思うのです。

北海道で「植松電機」という会社を営みながら、小さな頃からの夢だったというロケットの開発を手がけている植松努さんという方がいます。「そんなことできるわけないよ」と言われ続けた幼い日の体験をもとに、今、ロケット作りの教室を開き、子供たちに「きっとできるよ」と伝え続けていらっしゃいます。「人間はみんな、一回しかない人生をぶっつけ本番で生きています。だから『やったことがないこと』にしか出会いません」という植松さんの言葉は、ハッとするほど新鮮でした。そして「人間は、必ず失敗をします。だから失敗はダメじゃないんです。失敗はデータです」とも。

歳を重ね、だんだん生きることが上手になって、失敗が少なくなることに、今度は逆に寂しさを感じるようになりました。でも……。そんな「今」と向き合ったとき、ふと思ったのです。初めてイベントの準備をしている時、そこには、「不安な今」があった。だんだんと慣れて、回数を重ねた時にも、「マンネリが怖い今」があった。だったら「今」も「今」なんじゃないか？って。失敗が少なくなり、「成熟」と呼ばれる年齢を迎えようとしている「今」だって、私にとっては「初めての体験」なんじゃない？って。

若い頃は「わからない」という状況を、早く抜け出して「わかる」ようになりたいと思っていました。でも、今は「わからない」ことがたくさんあるって、素晴らしい！と思うのです。不安で胸がス～ス～する状況って、まだ見ぬ扉をこれから開けることができる、ということだから。

歳をとることも、病気になることも、死と向き合うことも、一回きりの人生の中で向き合う「初めてのこと」です。先日、伊藤亜紗さんが新聞の連載で、医師の稲葉俊郎さんの言葉を紹介していらっしゃいました。健康とは「自分自身の体、心、魂、命と対話し続けるための『問い』」なのだと。ちょうど、どうして神様は人間に病気なんていうつらい体験を与えるのだろう？と考えていた最中だったので、この新たな視点からの分析に、心をつかまれました。病という未知なるものと向き合うことで、人は自分の存在や、毎日生きるということや、誰かを思いやることなどを自分自身に問いかける。自分の健康を考えることが、体、心、魂、命との対話であるならば、その時間になんだか光がさした気がしたのでした。

体調管理のベストな方法ってなんだ？　老後のためのお金って？　介護ってなんだ？　幸せってなんだ？　世の中は「わからないもの」で満ちています。「わからない」って、自分の理解を超えているということ。そこへ、自分の内側から回路を繋いで、なんとかわかりたいとジタバタする……。何歳になっても「わからない」を厭《いと》わずに、生きていきたいなあと思います。

不安なこと、わからないことに出会ったら、「人生で起こることは、いつも初めて」「人生は常にぶっつけ本番」だと思い出す

「アンラーニング」という進み方

自宅で1日仕事をする日。午前中に1本原稿を書き上げて、12時になると、昼ごはんを食べます。朝5時半に起きるので、食べ終わると眠くなり、そのままゴロンと横になって、寝てしまうことも。でもここ最近では、30分ほど、本を広げるようになりました。これは、『暮らしのおへそ』で取材をさせていただいた、吉祥寺で、たったひとりで「夏葉社」という出版社を営む、島田潤一郎さんの真似っこです。島田さんの「おへそ＝習慣」は、会社で昼食をとった後、30分読書をするというもの。しかも読むのは、なかなかページが進まないという長編小説なのだとか。「読んでもさっぱりわからないんですよね〜」と笑いながら教えてくれました。それでも、「自分が知っている範囲ではないものを一生懸命頭を使って読むことで、体が動く範囲が広がるように、理解できる範囲が広がればいいなと思って」と島田さん。その言葉に「なるほど〜」と深く感銘を受けたのでした。

さっそく昼食後にと選んでみたのが、夏葉社から出版されている『昔日の客』です。島田さんが32年ぶりに復刊されたという1冊で、東京大森の古本屋「山王書房」店主、関口良雄さんの淡々とした日常が綴られています。布張りの美しい本の手触りを確かめるように、本の匂いを嗅ぎながら、ゆっくりと向き合って、読書の時間を過ごしてみました。「本を読む」ということと「情報を得る」ことは、まったく別物なんだなあと改めて実感しました。

ゆっくり本を読むことと、島田さんの働き方はつながっています。「夏葉社」が出版する本の初版は2500部だそうです。一般的に私が関わる出版社での初版は6000〜8000部程度でしょうか？　でも、島田さんは「1億2000万人すべてにわかってもらうより、2500人に確実に届ける方がずっと大事」と語ります。そして、「ひとり」ですべてができる規模感でしか働かないのだとか。10時に出社し、午前中に執筆などの集中する仕事をこなすと、午後からは営業や発送作業を。17時には退社し、子供をお風呂にいれて、家族でごはんを食べるそう。本を出すならなるべく多く！　ずっとそう思ってきた私にとって、島田さんの働き方は衝撃でした。しかも「夏葉社」の本は、初版こそ少ないものの、版を重ね、確実に売れ続けているのです。

昨年（2022年）、友人でもある小川糸さんが、長野の山の中に小さな山小屋を建てました。ひとりで過ごすために、車の免許をとり、冬に薪ストーブを焚くために、夏の終わり頃から着火の練習をし「やっと完成したから、ぜひ遊びに来て！」と連絡があったので、さっそく車で向かいました。たったひとりで寂しくないのかしら？　心細くないのかしら？と思いながら……。

「山の天気は不安定で、午後からは雨が降ることもあるから、朝早めがおすすめだよ」と言われて、早朝自宅を出発して10時過ぎには到着。まずは糸さんがコーヒーをポットにつめてくれ、私が手土産で持って行ったクッキーと共に、庭でティータイムを過ごしました。鳥の声を聞きながら、大きな木を見上げて過ごす時間の気持ちよかったこと！　しばらくすると、昼ごはんを作ってくれました。キッチンと食卓の間を行ったりきたりしながら、一枚一枚焼いてくれたパンケーキを、バターや蜂蜜と一緒にいただき、食べ終われば、ただ音楽に耳を傾け、何もしゃべらないまま窓の外を眺めて……。

自宅に帰ってからも、あの森の風景や、クラシックのCDの響きや、パンケーキの味が、体の中をぐるぐる回って、ずっと余韻に浸って抜け出せないまま。ゆっくりと濃密な時間が、「どうしても忘れられない！」という状態になって、自分でもびっくりしてしまいました。

訪ねたとき、糸さんに「どうやったら、ひとりで寂しくなく、豊かに過ごせますか？」と聞いてみると、ふたつの答えが返ってきました。ひとつが「人の目を気にしないこと」。もうひとつが、「その時間に集中すること」。一見まったく関係ないこのふたつは、どうやら互いに作用しあっているよう。「豊かに」という定義は人それぞれです。自分が満たされるために、何が必要かは、自分自身しか知りません。なのに、私たちはつい「人から見た私の豊かさ」に引きずられてしまいます。以前ある人に「朝起きたら1時間、『しなければならないこと』ではなく、自分のいちばん好きなことをするのがおすすめなんです」と言われて、はて？　何をしよう？とわからなくなったことがあります。どうやら私は、「どうしたら豊かに過ごせるか？」と問うより前に、「何を豊かと感じるか？」を見つける必要があるよう。

　それを見つけるための方法のひとつが「その時間に集中する」ことなのかもしれないなあと思います。「集中」と聞くとつい仕事……と考えがちですが、本を読むこと、音楽を聴くこと、食べること、お茶をゆっくり飲むことと、どんなことでも心をそこへ向け、じっくりと向き合うことはできます。でも、日常の中では、ついつい次にこなさなくてはいけないない仕事のことを頭の片隅におきながらお茶を飲んだり、本を読みながら、あと何時間後にスーパーに買い物に行かなくちゃいけないかを計算したり。意識があっちこっちに散乱してしまうから、「そのこと」をじっくり味わうことができなくて、奥に何があるかまで、たどり着くことができず、表面だけをさらりと撫でて「やった気」になってしまいます。

　島田さんと糸さんに共通するもうひとつのことが、ちゃんと成果を出している、ということ。「夏葉社」の本は、確実に版を重ねているし、小説を出すのは1年に1冊だけという糸さんは、『食堂かたつむり』や『ライオンのおやつ』（ともにポプラ社）などベストセラーを生み出されています。でも、おふたりとも、「そんなつもり」はさらさらなく、ただ目の前の日々の生活をいちばんに考え、それをゆっくりと味わうことができるペースで暮らされているだけなのでした。

バブル期に就職した私は、頑張れば頑張るほど、いい結果が出ると信じていました。たくさん時間を使えば、たくさんのものを得ることができる。未来のために、今はしんどいことを我慢する。どうやらその方程式はもう通用しない時代がやってきています。自分の時間や心地よさを犠牲にして、何かを我慢して、目的地まで走り抜く、というベクトルでは、本当に欲しいものは手に入らないのかもしれない……。というよりも、「頑張って結果を出した」その「結果」が、幸せを運んでくるわけではないのかも。

最近、『暮らしのおへそ』を一緒に作っている編集者の和田紀子さんに紹介してもらい、『新百姓』という雑誌と出会いました。イントロダクションの「新百姓宣言」という文章を読んで、久しぶりに心が揺さぶられました。

「なぜ人は生まれてきたのか？　この問いに、わたしたちは『つくる』を楽しむため、と応えます」と始まります。そして、こう続けられていました。

「わたしたちだって、思い通りにつくれたことはありません。慎重に造った椅子はガタガタ。丁寧に縫った服はペラペラ。あ〜ほんとうに、イヤになる。けど、それがいい。そう思いませんか？　もし簡単に欲しいものが手に入るなら、『つくる喜び』は生まれるでしょうか」

そろそろ私も、「結果」を手放す時期に来ているのかも。最近、そう考えることが多くなってきました。頑張っても、頑張らなくても、私たちは「未来」を操作することはできません。そのあきらめが、新たな世界の扉の開け方のような気がしています。

よくよく紐解いてみると、結局私にとっての「結果」とは、「お金」でした。老後が心配だから、ちゃんと仕事で成功して、お金を稼いで、安心したい。それが心の底にある本音です。だとすれば、それまでの年月は、ひたすら「準備期間」になってしまいます。このままじゃ、私は一生準備だけで終わってしまう。そう考えるとなんだか寂しくなってきました。

「正解」を求めて走り続けてきたけれど、「正しい」と思ってきたことは、時代によって変化するし、いろんなものや人に出会い、視点が変われば、昨日の

「正しい」が、ひっくり返ります。生き方を常にアップデートし、よりハッピーな方へ、元気に歩き出すために必要なことは、「アンラーニング」という作業なのかも。つまり、今までの思考回路を一旦リセットしてゼロに戻す……。自分が積み上げてきたものを、ガラガラと壊すことは、大きな勇気がいるけれど、反面爽快でもあります。ガラガラと崩れた山の向こうにどんな風景が広がっているのか、見てみたくてたまりません。

もうこれ以上進めない……と感じたら、今まで学んできたことを一旦手放し「アンラーニング」してみる

自分を離れて、幸せへの道をひっくり返す

深井龍之介さんと野村高文さんのポッドキャスト番組『a scope』で「リベラルアーツ」という新しい言葉を知りました。直訳すれば、「教養」です。「教養」と聞くと、文化人の嗜みとか、学歴が高い人が持つもの、というイメージでしたが、ここでの意味はちょっと違うよう。

歴史や物理学、脳科学や宗教学など、「教養」と呼ばれるものを身につけるのは、「ものを知る」ためではなく、「視点」を獲得するためなのだとか。「50年ほど前は、いい会社に就職し、収入が増えたら幸せになれる、と幸せになるための方法が決まっていたけれど、今はそうではない。今人類が初めて遭遇しているのは、個々人がひとりひとり自分の人生を主体的に決断しなくてはいけない、ということ」という深井さんの話に、メモをとりながら聞き入りました。

その決断をするために必要なものが「視点」です。「この視点から見るとこう見えるけれど、あの視点からはこう見えると知っていることが大事。人生をどこから見るか、その視点は多ければ多いほどいい。それが『リベラルアーツ＝教養』なのだ」と深井さんは言います。

そして、私が大いに感動したのが「大事なのは、違う視点を持つ人と競争するのではなく、調和する力を持つこと」という言葉でした。時には、自分と正反対の意見を持つ人もいるかもしれないけれど、多様な価値があるからこそ、世界はより深くなり、成熟した世の中になります。

『コテンラジオ』がきっかけで、過去の大河ドラマを見るようになりました。『龍馬伝』での坂本龍馬は、幕藩体制の枠から一歩出て「にっぽんをよくするためにはどうしたらいいか？」と考えることができた人です。そして「自分のことなんてどうでもいいきに」「今、大事なのは、にっぽんを救うことじゃ」と言い放ちます。己の命をかけてやり通そうとすることが、「自分のため」じゃないなんて……。

時を同じくして読み始めたのは、ラッパーでシンガーソングライターであり、音楽プロデューサーでもあるSKY-HIさんの著書『マネジメントのはなし。』（日経BP）でした。自身が1億円を投資し、ボーイズグループ発掘オーディション「THE FIRST」を開催。そこからデビューしたのが、紅白歌合戦にも出演した「BE:FIRST」です。彼が若者たちに向けて語っている言葉が龍馬と同じでした。「ダンスも歌も『自分をよく見せたい』が強いと、そこで成長は止まってしまうし、グループになった場合、浮いてしまうことが多いんです。（中略）その人自身のパフォーマンスから『音楽ファースト』が見えれば、それが研ぎ澄まされたときの形も見えるし、おのおのに足りない課題や技術、必要なトレーニングも明確になってきます」。

若い頃からずっと「幸せ」になるためには、どうしたらいいんだろう？と探し続けてきました。そこに必ずくっついていたのが「私が」という主語です。でも、いろんな視点を知った今、幸せになるための第一歩は「自分を離れる」ということなんじゃないか？と感じるようになりました。

『YOUは何しに日本へ？』というテレビ番組の再放送で、アメリカ人の男性が熊本へ震災後のボランティアにやってきた様子に密着取材をしていました。

被害を受けた方の仮設住宅への引っ越しの手伝いをしたり、街のゴミ集めをしたり。その中で、彼が「ボランティアって、小さな成果を感じることが大事なんですよ」と語っていました。ひとりのボランティアの手でできることは、全体から見ればほんのひとかけらにすぎません。その成果のサイズを気にしたら「私ひとりの力なんて、たかが知れてるし」とやる気がなくなってしまいそう。だからこそ、彼は「今日できたことで満足することが大事」と語るのです。

全体から見た自分。他人から見た自分。自分を中心に置いて世界を見ると、「比較」というツールでしか幸せを測ることができなくなってしまいます。幸せになるって、ひとり勝ちすることじゃない……。世の中には、いろんな幸せのかたちがある。できるだけたくさんの視点を獲得して、自分を離れた時に手にする新たな幸せの手触りって、どんなものなんだろう？　それをゆっくり味わってみたいなあと思うこのごろです。

「私が」という主語を外してみたら、
新しい幸せのかたちを見つけられる

不安だったり気が重いのは、「まだ始まっていない」から

今年の夏は特別暑くて、東京では連日36度、37度という猛暑が続いています。暑いと、何もかもやる気がなくなってくるもの。そんな時は「は～、暑い！」と感じる前に動き出すのが得策。毎朝のウォーキングも「この暑い時期だけお休みしようか？」とサボりたくなる前に、顔を洗って外へ！　5時半前に出発すると、玄関から路地に出たとたんにす～っと風が通り、いつも歩く並木道の木陰は少し涼しくて気持ちいい！　これが、10分遅いと、空気がどんより重たくて、ムッとした暑さがまとわりつくのです。

もうひとつ、暑いとやる気にならないのが掃除です。週末シーツを洗うついでにベッドをエイッと持ち上げて、掃除機をかけて、モップで水拭きするのが、1週間に一度の習慣でした。でも、これが面倒臭い。ま、暑いし、いいか、と

ずっとサボっておりました。すると、ベッドの下からフワフワと綿埃《わたぼこり》が……。これはいかん！とこの週末、シーツを洗濯機に突っ込んで、その流れで、エイッと取り掛かりました。やってみればほんの5分ほどで終了。

仕事でも家事でも、「大変だ！」と気が重くなるのは、大抵「始める前」の時間です。原稿がはかどらないのは、「あ〜あ、あの長い原稿書くのいやだなあ〜」とパソコンの前に座って、グダグダしているからで、あっという間に1〜2時間が経ってしまいます。「もう、仕方ない！」と腹を決めて取り掛かると、意外に集中できて、サッサと書き終わり「もっと早く取り掛かっていればよかった」と後悔します。

先日、父の具合が悪いと実家から連絡があり、慌てて飛んで帰りました。お腹が痛いというので、母が救急病院に連れて行ったら、「どこも悪くない。便秘かも」と言われたのだとか。その後も痛みが引かず、再度病院へ。そこで、初めて帯状疱疹だとわかりました。病名がわかっただけでもずいぶん安心しました。もう父も91歳。何度か具合が悪くなり、その度にオロオロし、その回数が増えるにつれ、少しずつ覚悟が生まれてきました。「いつか、天寿を全うする日がくるんだ」って。もちろん、その日がきたら、きっとオロオロするし、ポロポロ泣くだろうし、それを考えると怖くてたまらなくなります。でも、人は死ぬときには死ぬ。それを受け入れなくてはならない……。

その時、人は、何か悲しいこと、怖いことが、やってくる「前」がいちばん不安なのだなあと思ったのです。それが本当にこの身にやってきたときには、もう受け止めるしかない。その状況になってしまったら、きっと人は強くいられるんじゃないかなあ。

先日ECサイト『北欧、暮らしの道具店』の店長、佐藤友子さんと対談をしました。「歳を重ねることが怖い」「誰からも必要とされなくなることが怖い」と佐藤さんは言います。私ももちろん怖い。でも「怖がり度」が、佐藤さんの方が私の10倍ぐらい強いよう。それは、きっと佐藤さんが私より10歳ほど若いからなのだと思います。「ああ、私もかつて、ひたすら不安だったよなあ」と思い出しました。あんなにペシミストだった私が、今、そうでもないのは、60歳という年齢に「もうすぐなってしまう」から。50歳のときには「60歳になったらどうしよう？」と10年後が不安になります。でも、もう60歳になったら、その年齢で生きるしかない。あらがっても、60歳は60歳なのですから。

50歳から60歳になるまでの間、あんなに怖がりだった私が、少しずつ怖がらなくなっていました。そのことを「怖がる体力がなくなった」からだと思っていました。「怖がる」ということは、「そこ」にいることがイヤだから抜け出そうとしてもがくことです。そして、なんとか安全地帯に行きたいと願う……。「歳をとって、みんなに忘れ去られることが怖い」「病気になって、健やかな毎日が送れなくなることが怖い」。いろんな恐怖を前に、「じゃあ、どうする？」と考えます。そして、「忘れられないように、仕事を頑張る？」「健康を維持できるように運動する？」とできることを考えます。でも、どんなに対策を練ったところで、「頑張っても、ずっと第一線ではいられないよな」「運動したって、病気になるときはなるよな」とまた不安になる。そんなループの中で、「怖がり続ける」には、体力と気力が必要なのです。

でも、最近、それだけじゃないよなあと感じるようになりました。意外なことに、私は歳をとることが、そんなにイヤじゃなくなってきたのです。自分に起こる「怖いこと」を否定しても、否定しきれない……。そうなって初めて、「だったら、このままでできることはなに？」と考えるようになりました。つまり、どんなにイヤがったって60歳になる。だったら、「60歳の私のまま」できることを考えるということです。

「60歳の私」ができることは、30歳や40歳のときにできたこととは違います。それは、100点満点が、若いときとは違ってくるということでもあります。歳を重ねたとき、若い頃と同じゴールを求めてしまうと、「できないこと」の方がどんどん増えてきて、つらくなります。そんな中で、あれもこれもできないけれど、だったら、あっちへ行ってみようと、ちょっとゴールをずらしてみたら、ふっと心が軽くなりました。

たぶん人は、「できないこと」という岩にぶち当たった時に初めて、無理やりそれを爆破するよりも、くるりと岩の周りを回って、向こう側へ出ることの方がずっと簡単だ、と気づくのだと思います。でも、岩にたどり着くまでは、その横に細い道があることさえ気づかない……。

暑くても、さっさと立ち上がって窓を開ければ爽やかな風が吹きます。気が重い仕事も、取り掛かってしまえばすぐ終わります。歳をとることも、病気も、不安や怖さの周りをウロウロせずに、思い切って「そうなったら」を受け入れてみれば、案外「できること」が見つかるかもしれません。私がこれから70代、80代と歳を重ねたら、また別の種類の「怖いこと」が出てくるはず。体がどうにも動かなくなったり、近しい人を見送ったり、仕事と暮らしのバランスが変わったり……。そこでまたオロオロしたり、アタフタするんだろうなあと思います。そんな時には、「ああ、私はまだ『それ以前』の時間の上にいるんだな」と、「今」の前と後に続く時間軸を頭に描いてみると、ちょっとだけでもラクになれそうです。そして、とうとう「その時」がやってきたなら、ジャンプするチャンス！　これまで思いもしなかった、斜めの方角にある幸せは、いったいどんな形なのでしょう？　怖さを怖さのまま受け入れることが、案外「怖さ」から遠ざかるいちばんのスキルであるような気がします。

> 不安や怖さは、「抗う」より受け入れることで消えていく

おわりに

私は母ととてもよく似ています。ふたりとも一見しっかり者に見られるのに、実はものごとを悪い方へ、悪い方へと考えるペシミスト。先日も、母に「このごろちょっと体の調子よさそうで、よかったね！」と言うと、「でも、来週検診だから、また何か言われるかもしれないし」と顔を曇らせます。まだ、何も言われていないうちから、クヨクヨしたって仕方がない！　今は調子いいんだから、ワハハと笑ったっていいのに！と思うのですが……。でも、そんな気持ちもよ～くわかります。母はきっと怖いのです。今、具合がいいぞ～！と喜んで、来週「そうでもない」と先生に言われるのが怖い。だったら、最初からちょっと気持ちを「下げて」おいて、その「がっかり」の落差を少しにしておこうというわけ。けれど、そうやってずっと未来の不安のための準備をし続けたら、いったいいつ、青空に向かって笑うのでしょう？

　そんな母の姿は、私そのものです。人ごとだったら、「そんなに不安がったって仕方がないよ！」と言えるのですが、いざ自分に「怖そう」なことがやってきそうになったら、すぐに「悲観」という名の防御作戦が発動します。思い癖というものは、なかなか治すのが難しそう……。

　人生後半に差し掛かり、残りの時間が少なくなってくるからこそ、限られた時間の中で、笑顔で過ごすひとときをできるだけ増やしたいなあと思うようになりました。仕事が減ったとしても、庭に咲いたたんぽぽを見て笑っていたい。病気になっても、今日のハンバーグはおいしくできたと満足したい。

「歳をとるって、怖いこと？」と聞かれたら、「やっぱり怖い」と答えると思います。でも、以前と違うのは、怖がりながらできることがある、と知っていること。怖さの中でしか感じられないことがあるし、怖いからこそ新しいものさしを探す気になります。だから、まず先に笑ってみる練習をしようと思います。

心をコントロールするのは難しいけれど、笑っていれば笑顔にひっぱられて、明るく生きていけるんじゃないかなあ。母と一緒にうふふと笑う時間を大事にしたいと思います。

2023年10月　　一田憲子

【主要引用一覧】

＊「アパレル業界で絶好調…！『ミキハウス』が高くても売れる商品をつくり続けられる『意外すぎるワケ』」春川正明／現代ビジネス／2023.2.27
https://gendai.media/articles/-/106521

＊「仕事、ときどき介護する　遠距離だから冷静に『親不孝介護』成功のポイント7」川内潤／日経xwoman／2023.6.8
https://woman.nikkei.com/atcl/column/23/042600221/060500003/?P=2

＊『川っぺりムコリッタ』Introduction
https://kawa-movie.jp/

＊「許しのレッスン 〜 その4 許すときには自分も相手も無理に変えようとしない」勝間和代／勝間和代のサポートメール／2023.2.9

＊「許しのレッスン 〜 その6 失敗や愚かさを悪と思わない」勝間和代／勝間和代のサポートメール／2023.2.11

＊「幸せなチームのつくり方　4回のどん底を経て覚醒した経営者の『幸せ視点経営』」斉藤徹／日経xwoman／2023.5.16
https://woman.nikkei.com/atcl/column/23/041300305/051200002/?i_cid=nbpxwoman_sied_ssealist

＊「人的資産の積み上げ方 〜 その4 迷った時には常に人の輪を広げる方向にすべてを動かそう」勝間和代／勝間和代のサポートメール／2022.9.22

＊「人は何度でも挑戦できる」中村義之／note／2020.7.15
https://note.com/ynakamura/n/na1965dad613c

＊「石井亮次アナ『ゴゴスマ』や『世界ふしぎ発見！』『LIVEコネクト！』、超売れっ子アナから分析する視聴者の求めるアナウンサー像」高堀冬彦／週刊女性PRIME／2023.3.20
https://www.jprime.jp/articles/-/27245?display=b

＊「野村友里×UA　暮らしの音　個々の色がまざりあうのが人生、グラデーションライフ」野村友里／朝日新聞デジタル／2022.12.20
https://www.asahi.com/and/article/20221220/423356195/

＊「思索のノート　ままならない体を生きる＜体に追いつく＞」伊藤亜紗／信濃毎日新聞デジタル／2023.4.2
https://www.shinmai.co.jp/news/article/CNTS2023040200023

一田憲子（いちだのりこ）

1964年京都府生まれ。文筆家。会社員を経て、編集プロダクションに転職後、暮らしまわりの雑誌や書籍を手掛ける。企画・編集・執筆に携わる『暮らしのおへそ』は18年、『大人になったら、着たい服』（ともに主婦と生活社）は13年続いている人気シリーズとなり、その取材やイベントで全国を飛び回る日々を送る。著書に『人生後半、上手にくだる』（小学館クリエイティブ）、『明るい方へ舵を切る練習』（大和書房）、『もやもやしたら、習慣かえてみたら？』（主婦と生活社）など多数。

外の音、内の香
https://ichidanoriko.com/

歳《とし》をとるのはこわいこと？

60歳《さい》、今《いま》までとは違《ちが》うメモリのものさしを持《も》つ

2023年11月30日　第1刷発行

著者　一田憲子《いちだのりこ》
発行者　小田慶郎
発行所　株式会社　文藝春秋
〒102-8008　東京都千代田区紀尾井町3-23
☎03-3265-1211
印刷・製本　大日本印刷

ISBN978-4-16-391782-5
Printed in Japan